AF609147

Ulrich Mückenberger

Kommunale Zeitpolitik für Familien

Gutachten im Auftrag des Landes Nordrhein-Westfalen

Die Deutsche Nationalbibliothek verzeichnet diese Publikation in der Deutschen Nationalbibliografie; detaillierte bibliografische Daten sind im Internet über http://dnb.d-nb.de abrufbar.

ISBN 978-3-8487-3680-5 (Print)
ISBN 978-3-8452-8032-5 (ePDF)

edition sigma in der Nomos Verlagsgesellschaft

1. Auflage 2017

Druck: Rosch-Buch, Scheßlitz

Inhalt

I Ein Gutachten zur kommunalen Zeitpolitik für Familien

Im Bereich der Familienpolitik hat die Zeitpolitik Fahrt aufgenommen und neue Impulse gegeben – in Deutschland wie anderswo in Europa." Zeit für Familie" titelte der Achte Familienbericht der Bundesregierung (BMFSFJ 2012). Und für Nordrhein-Westfalen bekräftigte der Familienbericht vom Oktober 2015 den Appell "Mehr Zeit für Familie" mit dem Befund: "Zeitmangel ist das Problem, das Familien in Nordrhein-Westfalen am meisten belastet – und zwar quer durch alle Bevölkerungsschichten." (MFKJKS 2015, S. 213)

Von Zeitpolitik sprechen wir, "wenn bewusst – öffentlich und partizipativ – Einfluss genommen wird auf die zeitlichen Bedingungen und/oder Wirkungen der politischen, wirtschaftlichen und insbesondere lebensweltlichen Bedingungen der menschlichen Existenz." (BMFSFJ 2012: S. 5) Kommunale Zeitpolitik ist besonders an der Verbesserung der alltäglichen Lebenslagen und Sozialräume von Menschen und Familien orientiert. Hierzu verlangt sie von den Kommunen ressortübergreifende Kooperation und privat-öffentliche Vernetzung zur Verbesserung der Alltagszeiten. Sie ist eine Beteiligungspolitik: Sie funktioniert nicht allein "von oben" (top down), sondern nur mit Partizipation "von unten" (bottom up).

Kommunale Zeitpolitik ist ein neues Politikfeld. Viele ihrer Inhalte und Methoden sind noch im Erprobungsstadium. Aber in den letzten 25 Jahren hat sich auf diesem Politikfeld – in Deutschland und anderswo (vor Allem in Italien und Frankreich) – ein Know-how inhaltlicher wie methodischer Art aufgebaut, das beachtlich ist und auf dem aufgebaut werden kann.

Der Appell des Familienberichts "Mehr Zeit für Familien" findet in Nordrhein-Westfalen überaus vorteilhafte Bedingungen für eine (auch familienorientierte) kommunale Zeitpolitik vor. Die familienpolitischen Maßnahmen, Strukturen und Beteiligungsformen sind hoch entwickelt. Sie können, wenn der politische Wille dazu beseht, schrittweise um das inhaltliche und methodische Know-how kommunaler Zeitpolitik angereichert und erweitert werden. Die Befunde und Folgerungen des Familienberichts geben zu kommunaler Zeitpolitik punktgenau Anlass und Auftrag.

In diesem Kontext interpretiere ich den mir vom nordrheinwestfälischen Landtag Anfang 2015 erteilten Gutachtensauftrag zum Thema "(Familiale) Zeitpolitik und familienunterstützende Leistungen auf kommunaler Ebene in Nordrhein-Westfalen." Das Gutachten ist für die Enquete-Kommission zur Zukunft der Familienpolitik in Nordrhein-Westfalen bestimmt. Bereits deren Einrichtungsdokument (Landtag 2014) markiert das Zeitthema als Pfeiler und visiert "Handlungsempfehlungen für den Aufbau einer zukünftigen Familienzeitpolitik" an. Die Kommission hat bereits eine Expert/inn/enanhörung zur Zeitpolitik durchgeführt (Landtag 2015; s. a. Jurczyk et al. 2015).

Das Gutachten sollte die Bedingungen des Ausbaus kommunaler Zeitpolitik in den Kommunen Nordrhein-Westfalens eruieren. Es sollte dabei die Erfahrungen mit diesem neuen Politikfeld im Ausland (besonders hervorgehoben ist Italien) berücksichtigen. Und es sollte konkrete Gestaltungsempfehlungen für die organisatorische Anbindung von Zeitpolitik in nordrhein-westfälischen Kommunen unterbreiten. Strukturierend war die Frage, inwieweit Zeitpolitik in familienpolitischen Maßnahmen und Institutionen nordrhein-westfälischer Kommunen bereits realisiert wird bzw. mit welchen Modifikationen die Kommunen kommunale Zeitpolitik in Zukunft angemessener und effektiver realisieren können.

Zwei Annahmen sollten nach dem Gutachtensauftrag einer Prüfung unterzogen werden:

- Als "Ort" von familienbezogener Zeitpolitik fokussiert der Gutachtensauftrag die Kommune. Zu fragen war hier, inwieweit die Kommunen geeignete und erfolgversprechende Andockpunkte für familienbezogene zeitpolitische Maßnahmen sind, worin deren zeitpolitischen Maßnahmen bestehen und welche Formen und Methoden unter bestehenden Bedingungen Effektivität versprechen.
- Innerhalb des Rahmens kommunaler Zeitpunkt legte der Gutachtensauftrag den Schwerpunkt auf die Prüfung der Möglichkeiten einer "Bündelung" von Aufgaben und Zuständigkeiten. Besonders mit Blick auf die weit entwickelte lokale Zeitpolitik in Italien waren dabei Verwaltungsdienstleistungen "aus einer Hand" und eine herausragende Rolle des Bürgermeisters bei zeitpolitischen Gestaltungsakten in den Blick zu nehmen.

Diese beiden Annahmen sind auf das Bundesland Nordrhein-Westfalen bezogen – aber durchaus auch auf andere Bundesländer beziehbar. Insofern versteht sich ihre Bearbeitung in diesem Gutachten als exemplarisch: Zwar auf Nordrhein-Westfalen, aber bei Berücksichtigung der je anderen tatsächlichen und rechtlichen Ausgangsbedingungen auf andere Bundesländer übertragbar. Gerade die politischen Schlussfolgerungen in Kapitel VII beinhalten Überlegungen zu einer Kooperation von Bundesländern und Bund bei der Förderung kommunaler Zeitpolitik, die das hier im Mittelpunkt stehende Land einschließt, ohne auf es beschränkt zu bleiben.

Diese Buchveröffentlichung baut auf dem Gutachten auf und behält durchweg den Gutachtensstil bei. Um diese beiden genannten Annahmen zu überprüfen und zu den gestellten Fragen[1] Stellung zu nehmen, gehe ich folgendermaßen vor. Zunächst umreiße ich kurz, warum Zeit und Zeitpolitik in Nordrhein-Westfalen lösungsbedürftige Probleme darstellen (Kap. II). Dann stelle ich dar, warum nach meiner Auffassung in Nordrhein-Westfalen vorteilhafte Bedingungen für eine Erprobung dieses neuen Politikfeldes bestehen (Kap. III). Sodann folgt eine Synthese dessen, was man heute in Westeuropa als "State of the Art" kommunaler Zeitpolitik bezeichnen kann: Also deren Inhalte und Methoden nach dem Stand derzeitigen Wissens und derzeitiger Praxis (Kap. IV). Dort erkläre ich zunächst (Kap. IV. 1.), wie sich nach meiner wissenschaftlichen Auffassung die Begriffe und Konzepte "kommunale Familienpolitik", "kommunale Familienzeitpolitik" und "kommunale Zeitpolitik" zueinander verhalten und weshalb ich den Gutachtensauftrag schwerpunktmäßig als Auftrag zur Verfolgung der Linie kommunaler Zeitpolitik verstehe.

Diesen einleitenden Kapiteln folgt – in Kapitel V, umfangmäßig dem Hauptkapitel des Gutachtens – die Prüfung der beiden genannten Annahmen unter den Bedingungen des Landes Nordrhein-Westfalen. Zur ersten Annahme – der zeitpolitischen Rolle der Kommune (sozusagen dem *Was?* und *Warum?* der kommunalen Zeitpolitik) beziehe ich in Kapitel V 1. außer deutschen Erfahrungen auch Einblicke in Praxis und Verbreitung kommunaler Zeitpolitik und ihres Familienbezuges in Italien und Frankreich ein. Die Ausführungen zur

1 Folgende konkrete Fragen wurden im Gutachtensauftrag aufgeführt: "1. Auf welche Weise und mit welchen Qualitätskriterien können bestehende kommunale Verwaltungsstrukturen, lokale Netzwerke, Bündnisse oder Anlaufstellen zur zeitsensiblen Ausrichtung der kommunalen Familienpolitik beitragen oder erfüllen sie dieses Ziel bereits? 2. Wie kann unter Berücksichtigung der zahlreichen Modellprojekte für familiengerechte Kommunen in Nordrhein-Westfalen eine zentrale Anlaufstelle oder sozialräumliche bzw. akteursbezogene Netzwerkknoten im Sinne von Kümmerern für die vielfältigen Problemlagen und Fragestellungen von Familien in den Kommunen geschaffen werden? Erfordern die ländlichen und städtischen Räume Nordrhein-Westfalens unterschiedliche Lösungsansätze und falls ja, welche? Welche Hürden bestehen derzeit für Familien, um unterstützende Maßnahmen, Leistungen und Beratungen auf kommunaler Ebene in Anspruch zu nehmen? Wie kann hierbei an vorhandene Ressourcen und bestehende private soziale Netzwerke von Familien ideal angedockt werden und welche Akteure müssen hierbei berücksichtigt werden? 3. Welche Gestaltungsspielräume ergeben sich auf kommunaler Verwaltungsebene unter Berücksichtigung der Aufgabenbereiche der öffentlichen Jugendhilfe und deren Organisationsstruktur (inklusive Jugendhilfeausschuss), um familiale Leistungen und Unterstützungsstrukturen in einem Amt bzw. auf einer Zuständigkeitsebene zu bündeln? Inwieweit können dabei Synergieeffekte geschaffen werden? 4. Wie lassen sich in Nordrhein-Westfalen unter Berücksichtigung des italienischen Aspekts „Zeitpolitik als Verwaltungsakt" auf kommunaler Ebene welche zeitlichen Unterstützungsmaßnahmen für Familien implementieren? Wie müssen solche zeit-liche Unterstützungsmaßnahmen kommunal verankert werden, damit sie Verbindlichkeit erhalten? Wo sollten solche zeitlichen Unterstützungsmaßnahmen auf kommunaler Verwaltungsseite angesiedelt sein, um Wirksamkeit entfalten zu können?

zweiten Annahme– Bündelungen von Zuständigkeiten und Durchsetzungsfähigkeit innerhalb kommunaler (Familien-) Zeitpolitik (sozusagen dem *Wie?* kommunaler Zeitpolitik) – unterscheide ich (in Kap V 2.) nach Handlungsebenen und gebe jeweils Beispiele.

- Bei *dezentralen familienunterstützenden Dienstleistungen* wähle ich als Kristallisationspunkt die *Familienzentren* in Nordrhein-Westfalen, aber auch in anderen nordeuropäischen Ländern.
- Hinsichtlich *Beratungs- und Entscheidungshandeln auf zentraler kommunaler Ebene* setze ich bei vorhandenen Beispielen von *"One-stop-agencies"* sowie *Familienbüros* (unter Berücksichtigung der zeitpolitisch inspirierten *"guichets uniques"* in Frankreich) an.
- Als zeitpolitisch aussichtsreiches *Bindeglied zwischen zentralen und dezentralen familienunterstützenden Leistungen* thematisiere ich das *Beispiel der Kinder- und Jugendhilfe, von Jugendamt, Jugendhilfeausschuss und -planung.*
- Wie kommunale Zeitpolitik *im Rahmen kommunaler Strukturen Verbindlichkeit und Effektivität* erlangen kann, veranschauliche ich allgemein an den *Organisations- und Willensbildungsstrukturen* der Zeitpolitik in *italienischen Kommunen*, speziell dann an den Städten *Bozen* sowie *Aachen.*

Daran schließt sich eine Überlegung zu der Frage an, welcher *landesweiten Unterstützung kommunale Zeitpolitik* bedarf, um wirksam zu werden. Dies wird am Beispiel des *italienischen Gesetzes zur Zeitpolitik vom 8. März 2000* und seiner regionalen Umsetzung in der *Region Lombardei* exemplifiziert (Kap. V 3.). Diese oberitalienische Region mit der Hauptstadt Mailand und etwa 10 Mio. Einwohnern habe ich ausgewählt, weil sie ihrer Struktur nach (auch wenn Bevölkerungszahl und Struktur des jeweiligen Staatsaufbaus einen wirklichen *Vergleich* nicht erlauben) doch Anregungen für das Bundesland Nordrhein-Westfalen geben kann.

Die veranschaulichenden *Beispiele* sind im Text von Kap. V grau-unterlegt hervorgehoben und als "Beispiel 1 bis 8" durchnummeriert.

Implizit werden beim Durchgang durch die beiden erörterten Annahmen in Kapitel V auch die vier konkreten im Gutachtensauftrag enthaltenen Fragen behandelt. Explizit werden sie danach, meinem Erkenntnisstand entsprechend, beantwortet (Kap. VI). Das Gutachten schließt mit Empfehlungen zur familienbezogenen Zeitpolitik in den Kommunen Nordrhein-Westfalens ab, die den Erwägungen der Enquete-Kommission anheimgestellt werden (Kap. VII). Dort finden sich auch erste Überlegungen zur Möglichkeit einer Kooperation zwischen Bundesländern und Bund bei der Optimierung kommunaler Zeitpolitik – eine Kooperation, die auch die Erfahrungen mit dem italienischen Gesetz vom

8. März 2000 für die föderativen deutschen Verhältnisse fruchtbar zu machen versucht.

Schließen möchte ich diese Vorbemerkung mit zwei einschränkenden Bemerkungen:

- Die Anlage des Gutachtens sah eigene empirische Erhebungen nicht vor. Ich musste mich oft auf die Selbstdarstellung Beteiligter, auf Expertengespräche[2] und auf Sekundärliteratur beziehen (und beschränken). Das setzt der Validität der in diesem Gutachten enthaltenen *empirischen* Einschätzungen zugegebenermaßen Grenzen.
- Jeder meiner Beurteilungsversuche, inwieweit in den Kommunen Nordrhein-Westfalens zeitpolitische Ansprüche bereits realisiert erscheinen oder bei gewissen Modifikationen realisiert werden könnten (und sodann, welches diese Modifikationen sein könnten), erfolgt aus Sicht des *zeitpolitisch bewanderten Beobachters "von außen"*. Ich kann und will die Perspektive der "alten Hasen" und eingefleischten Experten des lokalen Geschehens nicht ersetzen, auch nicht "belehren". Ich möchte vielmehr bewusst *von außen* anregen und womöglich den zeitpolitischen Diskurs in Nordrhein-Westfalen anreichern. Nicht mehr, aber auch nicht weniger ...

---

2 Ich danke den folgenden Personen für hilfreiche Informationen und inhaltliche Anmerkungen zu diesem Gutachten: Doris Bollinger, Sandra Bonfiglioli, Jean-Yves Boulin, Verena Göppert, Ulrike Hauffe, Dietrich Henckel, Liisa Horelli, Marjatta Kekkonen, Caroline Kramer, Klaus Krancke, Marco Mareggi, Sylvia Profanter, Michael Schwarz, Stefano Stabilini, Giancarlo Vecchi, Günter Warsewa, Roberto Zedda und Heinz Zohren. Verantwortlich für gezogene Schlussfolgerungen und verbliebene Fehler bleibe ich. Antje Kautz/Zentrum für europäische Rechtspolitik der Universität Bremen danke ich für Mithilfe bei der Erstellung der Druckvorlage.

II Die Zeitklemme

Die Bedingungen für die Realisierung einer zeitpolitisch inspirierten Familienpolitik in den nordrhein-westfälischen Kommunen sind – wie ich in Kap. III beleuchten werde – günstig. Gleichwohl: "Zeit" ist das größte und oberste Problem, das der Familienbericht des Landes Nordrhein-Westfalen zutage befördert hat (MFKJKS 2015 – Seitenzahlen in diesem Kapitel beziehen sich auf diesen Bericht). Zeitengpässe diagnostiziert bereits Teil 1 des Berichts, der die Lebenssituation von Familien zunächst anhand von Daten und Fakten beschreibt (etwa S. 22, 29,35 ff., 43 u.ö.). Das Zeitthema springt dem Beobachter geradezu entgegen in Teil 2 des Berichts, der die Handlungsbedarfe aus Sicht der Familien darstellt (aus Beteiligungsveranstaltungen, "Familiendialogen", und dem Portal www.familienbericht-nrw.desowie der repräsentativen Befragung von Familien). Dort hat unter den Problemen für Familien der "Zeitmangel" die herausragende Rolle (Abb. S. 158 und 165). Besonders hervorgehoben wird die Zeitdimension für erwerbstätige Mütter (S. 168), Alleinerziehende (S. 172), für mittelarme und für kinderreiche Eltern (S. 171). Eindrucksvoll sind denn auch die qualitativen Aussagen aus den Familiendialogen und der Online-Befragung (S. 172/3), die deutlich machen, dass Zeitnotstände zu verzeichnen sind und dringend Abhilfe benötigt wird. Konsequenterweise spielt auch in Teil 3 des Familienberichts, der die Eckpunkte der künftigen Familienpolitik des Landes für die nächsten Jahre vorstellt, die Politikachse Zeit eine ganz herausragende Rolle (S. 213 f.).

Dieses Problem scheint also in Nordrhein-Westfalen trotz zahlreicher ressortübergreifender Planungsprogramme und hoher nicht-staatlicher ziviler Beteiligung nicht in optimaler Weise bewältigt zu sein.

Möglicherweise existieren in diesem Bundeslang neben "Gunst"faktoren für zeitpolitische Lösungen auch Hindernisse. Eine solche Besonderheit fällt auf, wenn man zwei Prioritäten aus der Beteiligungsphase des Berichts (Teil 2) vergleicht. Die Priorität bei der Benennung des Problemdrucks (Abb. 2, S. 165) weicht nämlich markant von derjenigen bei der Benennung von Lösungserwartungen an die Politik ab (Abb. 3, S. 170). Während beim "Problemdruck" in den aufgeführten Lebensbereichen der Zeitmangel (55% der Nennungen) vor dem Geldmangel (38% der Nennungen) Platz 1 einnimmt, tritt er bei den "Wünschen an die Politik" mit 39% der Nennungen hinter die Geldkomponente (nunmehr 52% der Nennungen) auf Platz 2 zurück.

Diese Prioritätsumkehr gibt zu denken. Sie deutet zugleich den Weg an, den zeitpolitische Verbesserungen zu gehen hätten. Der Familienbericht gibt als mögliche Erklärung die Erfahrung der Bürger/innen an, "dass Geldleistungen lange Zeit wichtigstes und am deutlichsten wahrgenommenes Instrument der Familienpolitik waren." (S. 171) Er deutet die Prioritätsumkehr sozusagen als Gewöhnung auch der Betroffenen an den "nur" Geld umverteilenden Sozialstaat.[3] Diese Gewöhnung ist allerdings beeinflussbar. Sie kann verändert werden, indem durch öffentliche Betonung der Wohlstandskomponente "Zeit" und durch fühlbare zeitpolitische Verbesserungen der "Sozialstaat der zweiten Generation", der auch Zeit umverteilt, für Alle fühl- und erkennbar wird. Die genannte Prioritätenumkehr relativiert sich übrigens, wenn man die weiteren, zeitlich durchaus relevanten, Forderungsfelder Kinderbetreuung (immerhin 37%), Wohnumfeld (27%) und Beratungsangebote (9% der Nennungen) in die Bewertung zumindest teilweise einbezieht. Dadurch erhalten nämlich auch zeitpolitische Anliegen – wenn auch fachlich gesondert eingeteilt – Gewicht und Legitimität aus Sicht der Betroffenen.

Zwei kleinere Beobachtungen aus dem Familienbericht machen auf spezifische Einstellungsmuster im Bundesland Nordrhein-Westfalen aufmerksam, die gleichfalls in eine zeitpolitische Reflexion hineingehören.

- Offenbar war die Bezugsquote von Betreuungsgeld (vor der Nichtigerklärung des Gesetzes durch das Bundesverfassungsgericht) in Nordrhein-Westfalen überdurchschnittlich hoch (Abb. 80, S 72) – und zwar überwiegend von Müttern, in kleinerem Maße auch von Vätern. Das Betreuungsgeld war umstritten, weil es von der Nutzung von Kitas abhalte und das tradierte Geschlechterrollenbild verfestige. Ein überdurchschnittlicher Bezug deutet infolgedessen auf eher traditionelle Erziehungs- und Geschlechtermuster hin.
- Sozusagen spiegelbildlich passt in diese Optik, dass in Nordrhein-Westfalen die Inanspruchnahme von Vätermonaten beim Elterngeld offenbar unterdurchschnittlich war (Abb. 34, S. 34). Auch das kann man als Indiz tradierter Geschlechter- und Elternrollenmuster ansehen. Das Bild kompliziert sich, wenn man hinzunimmt, dass in diesem Bundesland zwar die Väter*beteiligung* am Elterngeld "deutlich unter dem Bundesdurchschnitt", jedoch die *Dauer* des Elterngeldbezugs nordrhein-westfälischer Väter ca. 4 Monate über dem Bundesdurchschnitt liegt: Einfach ausgedrückt: Weniger Männer nehmen Elternurlaub, dann aber längeren. Dies lässt eine Polarisierung zwischen traditionellen und modernen Paarbeziehungen als denkbar erscheinen.

3 Ich nenne das den "Sozialstaat der ersten Generation" und stelle ihm den "Sozialstaat der zweiten Generation" gegenüber, der auch Zeit als Wohlfahrtskomponente anerkennt und umverteilt, Mückenberger 2004, S. 261-87.

Nimmt man zu diesen beiden Beobachtungen den hohen Anteil traditioneller Paarbeziehungen und Familien mit Zuverdienerrolle der Ehefrau hinzu (S. 8 und 30 – insoweit ohne Vergleichsangaben zwischen Land und Bund), so wird man auf einen Umstand aufmerksam, der sich für die Perspektiven zeitpolitischer Neuerung stellt. Die Zeitpolitik ist in ihrer Genese eine Reaktion auf Brüche und Krisenerscheinungen in traditionellen Geschlechter- und Generationsbeziehungen – sie reagiert auf das Schwinden der "Zeit-Puffer", die traditionelle Familienarrangements vorhielten (BMFSFJ 2006 und 2012). Mit diesen Brüchen und Krisenerscheinungen war auch ein kultureller Sinneswandel verknüpft. Individualität und individuelle Rechte – gerade von Frauen und Kindern – gewannen darin erhöhte Bedeutung. Vornehmlich auf diesen kulturellen Wandel gibt die Zeitpolitik eine Reihe wichtiger Antworten. Bei traditionellen Rollenbildern treffen diese Antworten nicht unbedingt auf offene Ohren. Zeit ist also eine durchaus auch kulturelle "Baustelle" – nicht nur in Nordrhein-Westfalen.

III Günstige Bedingungen für Zeitpolitik in den nordrhein-westfälischen Kommunen

In diesem Kapitel wird Nordrhein-Westfalen exemplarisch für die Bundesländer behandelt. Gunstfaktoren für die Gestaltung kommunaler Zeitpolitik für Familien ließen sich unschwer auch für die übrigen Bundesländer ermitteln.

Für den zeitpolitischen Beobachter von außen bietet das Bundesland Nordrhein-Westfalen ungeachtet der eben mitgeteilten Befunde gute Voraussetzungen für die Implementierung einer als Weiterentwicklung seiner Familienpolitik verstandenen Zeitpolitik. Erstens bietet der rechtliche Rahmen mit kommunaler Selbstverwaltung eine wichtige Voraussetzung für diesen neuen Politiktypus. Zweitens weist Nordrhein-Westfalen bemerkenswert hohe Aktivität und Vernetzung familienpolitisch bedeutsamer Akteure auf, was der partizipativen Anlage von Zeitpolitik entgegenkommt. Drittens folgen kommunalpolitisch bedeutsame Gesetze einem Rechtstyp, der eine kooperierende und vernetzende kommunale Planung – wie sie der lokalen Zeitpolitik als einer kommunalen "Querschnittspolitik" wesentlich ist – geradezu heraufbeschwört.

1. Die kommunale Selbstverwaltung in Nordrhein-Westfalen

Zeitpolitik, auch Familienzeitpolitik, wird wesentlich auf der Ebene der Kommune durchgeführt. "Der lokalen Ebene kommt dabei eine besondere Bedeutung zu" (BMFSFJ 2012: S. 7/8). Für die kommunale Ebene bietet das Land Nordrhein-Westfalen – neben der bundesrechtlichen Garantie der Selbstverwaltung der Gemeinden nach Art. 28 Grundgesetz - optimale kommunalverfassungsrechtliche Bedingungen. Die kommunale Selbstverwaltung mit "Universalitätsprinzip“ (so Niedzwicki 2010: S. 54) oder einer "Universalität" des gemeindlichen Wirkungskreises (so Bösche 2013: S. 21[4]) bildet den Grundpfeiler. Mit ihr ist die von Zeitpolitik gebotene Subsidiarität verbunden: die Primärzuständigkeit der "problemnahen" Instanz Kommune für die Lösung der dort erscheinenden Probleme. Zugleich wird in Nordrhein-Westfalen Subsidiarität nicht als ein den Kommunen *Gegebenes*, sondern als ein ihnen *Aufgegebenes* verstanden und durch Ermutigung und Unterstützung ("*empowerment*") gestärkt. Nach der Rechtsprechung des Verfassungsgerichtshofs Nordrhein-Westfalen sind die Kommunen nämlich mit den Mitteln auszustatten, die sie zu

4 Unter Verweis auf Art. 28 Abs. 2 Grundgesetz, Art. 78 der Landesverfassung und § 2 der Gemeindeordnung.

selbstverwalteter Erledigung von Aufgaben befähigt und in die Lage versetzt.[5] Schließlich sorgen der Grundsatz der Konnexität (Art. 78 Abs. 3 LV) und das ihn konkretisierende nordrhein-westfälische Konnexitätsausführungsgesetz (KonnexAG)[6] dafür, dass Kommunen für die Erledigung von ihnen zugewiesenen Aufgaben die entsprechenden Mittel erhalten. Damit besteht Aussicht, dass auch zeitpolitische Gestaltungsaufgaben – soweit sie den Kommunen durch Landesgesetz übertragen wird – ihren personellen und finanziellen Rahmen nicht übersteigen.

2. Beachtliche Aktivität und Vernetzung von Familienpolitik

Das Bundesland bietet eine entwickelte kommunale Infrastruktur, was die Betätigung familienpolitischer Akteure und deren Vernetzung angeht.[7] Für den Erfolg lokaler Zeitpolitik ist eine solche zivilgesellschaftlich (d.h. durch nichtstaatliche Akteure) unterstützte Infrastruktur aller Erfahrung nach unabdingbare Voraussetzung.

Um mit der kommunalen Seite zu beginnen: In Nordrhein-Westfalen bestehen offenbar 118 kommunale Bündnisse für Familie. Davon arbeiten 20 in kreisfreien Städten, 8 in Landkreisen und 28 in kreisangehörigen Städten über 25.000 Einwohnern, 23 in Städten unter 6.000 Einwohnern. 18 Kommunen sind sog. zertifizierte „Audit-Kommunen". 28 Kommunen legen Familienberichte vor. 120 Kommunen geben Familienkarten aus. 55 Kommunen verfügen über ein eigenes Familienbüro. 65 Kommunen haben für Familien einen Familienwegweiser zur Verfügung gestellt, 15 arbeiten behördlich mit einem sog. „Familientag".

Weiterhin verfügen sehr viele Kommunen über ein Internetportal, das familienrelevante Informationen von zuhause aus zugänglich macht. Von den insgesamt 109 Kommunen, die über ein solches Internetportal verfügen, sind 11

---

5 "Das Recht der Gemeinden und Gemeindeverbände auf Selbstverwaltung (Art. 78 LV) umfasst auch einen gegen das Land Nordrhein-Westfalen gerichteten Anspruch auf angemessene Finanzausstattung; denn eigenverantwortliches Handeln setzt eine entsprechende finanzielle Leistungsfähigkeit der Selbstverwaltungskörperschaften voraus." – so Verfassungsgerichtshof Nordrhein-Westfalen, Urteil v. 11. 12. 2007 - 10/06 –, in: DVBl 2008, S241 (243) mit zahlreichen Verweisen auf die Rechtsprechung. Zum Diskussionsstand auf Bundes-Ebene s. Lange 2013: S. 49 ff.

6 Vom 22. Juni 2004 (GV. NRW. 2004, S. 360); Stand: Gesetz v. 23.10.2012 (GV. NRW, S. 474).

7 Ich folge hier den Angaben des nordrhein-westfälischen Familienministeriums in: www.Familie-in-NRW.de.Praxis-vor-Ort. Die dort gemachten Angaben beruhen wohl überwiegend auf Selbsteinschätzung und mögen wissenschaftlich nur begrenzt belastbar sein. Gleichwohl liefern sie wichtige Anhaltspunkte, die im Folgenden teilweise vertieft werden.

Kreise, 16 kreisfreie Städte, 33 Kommunen über 25.000 Einwohner und 29 kreisangehörige Städte unter 25.000 Einwohnern. 208 Kommunen sehen eine sog. „Neugeborenenbegrüßung“ vor.

Auch wenn diese rein numerischen Angaben, zumal sie wohl wesentlich auf Eigenangaben beruhen, für sich genommen nicht sehr aussagekräftig sein mögen, drücken sie doch lebhafte familienpolitische Aktivität und Vernetzung im Bundesland aus. In gewisser Weise deuten sie daraufhin, dass diese familienpolitischen Aktivitäten in größeren Städten bessere Bedingungen vorfinden als auf dem Land.

Eine besondere Rolle spielen in Nordrhein-Westfalen die "Familienzentren", die "eine Weiterentwicklung er Kindertageseinrichtungen zu Netzwerken für die Familie als Ganzes" darstellen (MFKJKS 2015: S. 148). Alle 186 Jugendämter haben Familienzentren eingerichtet. Vor Allem werden in Nordrhein-Westfalen seit dem Kindergartenjahr 2006/07 Kindertageseinrichtungen zu Familienzentren ausgebaut (MFKJKS 2015: S. 148 Abb. 147). Familienzentren sind auch aus zeitpolitischer Sicht ein wichtiger Baustein kommunaler Politik. Family Centres werden in nordeuropäischen z.T. mit anderen thematischen Ausrichtungen und Organisationsformen betrieben. Deshalb wird der Blick darauf noch vertieft (Kap. V. 1.).

Auch für weitere nicht-staatliche Akteure und deren Vernetzung bietet der Familienbericht vom Oktober 2015 reichhaltiges Material. Er lässt die wichtigsten Wohlfahrtsverbände und Selbsthilfeorganisationen in aufschlussreichen Selbstdarstellungen zu Wort kommen: Die Landesarbeitsgemeinschaft der Familienverbände NRW, das Fachforum Familienselbsthilfe im Paritätischen Landesverband, die Katholischen und die Evangelischen Landeskirche, die Öffentliche sowie die Freie Wohlfahrtspflege, das Elternnetzwerk, die Landesarbeitsgemeinschaft Selbsthilfe sowie die zahlreichen Elternverbände und -vertretungen (MFKJKS 2015: S. 88-98, s. a. Liste S. 99).

Beeindruckend ist die Aktivität der 186 Jugendämter des Landes, in deren Jugendhilfeausschüssen sich ja auch die nicht-staatlichen Akteure betätigen. Die Kinder- und Jugendhilfe, Jugendhilfeausschüsse und Jugendpläne sind ohnehin eine interessante Verbindung öffentlicher und privater Akteure (hier v.A. Freier Träger), die zudem eine Wechselbeziehung zwischen amtlicher und dezentraler Tätigkeit vor Ort herstellen. Das macht sie für den zeitpolitischen Blick hochinteressant und wird uns noch in Kapitel V. 2. beschäftigen.

Hervorzuheben ist schließlich, dass in Nordrhein-Westfalen zeitpolitische und familienzeitpolitische Initiativen bereits wichtige praktische Hürden genommen haben. Die Orientierung an Lebenslagen und Sozialraum sind in der Kinder- und Jugendhilfe, aber auch im Primarschulbereich sowohl in Gestalt von praktischen Experimenten (etwa Stadt Dortmund 2007; Stadt Essen 2007) wie auch von Initiativen des Bundeslandes (s. schon MSWF 2006; zuletzt

MSW 2015) wirksam geworden. Schon 2010 finden sich hier – im Kontext der ressortübergreifenden Verbindung von Erziehung und Betreuung sowie der Öffnung der Schule zum Stadtteil – auch die zeitlichen Bedarfsorientierungen des Angebots offener Ganztagsschulen. "Der Zeitrahmen in außerunterrichtlichen Ganztags- und Betreuungsangeboten (§ 9 Absatz 2 SchulG) orientiert sich an den jeweiligen Bildungs-, Erziehungs- und Betreuungsbedarfen." (5.3 Runderlass 2010).

Lokale Zeitpolitik hat auch schon eine Geschichte in Nordrhein-Westfalen. Vor mehr als 15 Jahren beteiligten sich bereits die Städte Brühl, Detmold, Jülich, Schwelm und Wesseling aktiv an dem Programm "Zeiten und Qualität der Stadt" der nordrhein-westfälischen Landesregierung (Dürk 2001).[8] Kommunale Familienzeitpolitik fokussierten zwei neuere Aktivitäten nordrhein-westfälischer Kommunen. Im Zentrum beider steht die Stadt Aachen. Es handelt sich um das Pilotprojekt "Kommunale Familienzeitpolitik" des Bundesfamilienministeriums (BMFSFJ 2014a und 2014b) sowie die Großstadtinitiative "Neue Zeiten für Familie" (Stadt Aachen 2015).

Zu dem *Pilotprojekt* gehörte in Nordrhein-Westfalen neben der Großstadt Aachen die Mittelstadt Herzogenrath. In Aachen wurde die Familienzeit in kommunale Planungsprozesse (Vereinbarkeit, Stadtentwicklung, Verkehrs-/ ÖPNV-Planung) eingespeist. In Herzogenrath wurden durch verschiedene zeitpolitische Maßnahmen die Zeit- und Wegeaufwände von Pendlerfamilien zu verringern versucht. Beide Maßnahmebereiche sind wichtig für den zeitpolitischen Ansatz. Herzogenrath hat mit der Pendlersituation eine *"Lebenslage"* ermittelt und aufgegriffen, die offenbar für diese Mittelstadt typisch ist und die Fragen der Mobilität, der Kinderbetreuung, aber auch der familiären Freizeit aufwirft. Aachen hat mit seinem zeitpolitischen Ansatz den "transversalen Charakter kommunaler Planung" aufgegriffen, der allen zeitpolitischen Initiativen gemeinsam ist: nämlich die *ressortübergreifende* Sicht zum Ausgangspunkt der Gestaltung der Zukunft der Kommune (nämlich von *"Planung")* zu machen. Darauf wird zurückzukommen sein (s. Kap.V. 2.).

Zu der *Großstadtinitiative* gehörten neben Aachen immerhin weitere 16 nordrhein-westfälische Städte (s. Abb. Stadt Aachen 2015, S. 9). Maßnahme-

8 Diese zeitpolitischen Projekte waren 1999 von der italienischen feministischen Zeitbewegung inspiriert und auf Initiative der Frauen des DGB Landesbezirks Nordrhein-Westfalen in fünf Kommunen angestoßen worden. Die Projekte beschäftigten sich nicht zufällig mit noch heute in der Familienzeitpolitik virulenten Themen: mit familienfreundlicher Arbeitszeitgestaltung und mit vereinbarkeitsfördernden Öffnungszeiten von Läden und Dienstleistern (wie auch Kinderbetreuung). Darüber berichtet Barbara Dürk (2001), die auch an Planung und Durchführung der Vorhaben beteiligt war. Inwieweit diese zeitpolitischen Projekte Spuren hinterlassen haben, an die heute anzuknüpfen wäre, entzieht sich meiner Kenntnis.

schwerpunkte waren: Ferienganztagsbetreuung in allen Ferienzeiten, Familienzeit in einer Wissenschaftsstadt, familienfreundliche Verwaltung im Dienstleistungsbereich (E-Government) und wiederum Familienzeit in Stadtplanung und Infrastruktur. Auch hier bildete also die stadtspezifische Typisierung von Lebenslagen und Zeitkonflikten den Ausgangspunkt der zeitpolitischen Diagnose, die sodann zu ressortübergreifender Abhilfe beitrug.

All diese Ansätze deuten auf ein reichhaltiges Potential Nordrhein-Westfalens für eine lokale Zeitpolitik hin, die auch und gerade Familien zu Gute kommt.

3. Das Landeskommunalrecht ist kooperierender und vernetzender kommunaler Planung förderlich

Für eine Ausdehnung und Systematisierung von Zeitpolitik in Nordrhein-Westfalen dürfte ein weiterer Umstand praktisches Gewicht haben. Die neueren nordrhein-westfälischen Landesgesetze wie auch Bundesgesetze, die das Alltagsleben, das Leben von Familien, Kindern, älteren Menschen – also im weitesten Sinne "Lebenslagen" – zum Gegenstand haben, folgen einem Rechtstyp, der ressortübergreifender Kooperation und Planung förderlich ist. Während das nordrhein-westfälische Polizeigesetz von 2003 noch dem tradierten öffentlich-rechtlichen Regelungstypus entspricht, sind die neueren Gesetze auf sozialem Gebiet von einem neuen Regelungstyp bestimmt: Dieser formuliert soziale Zielvorstellungen und Aufgaben, fasst diese oftmals zu „Plänen“ oder „Entwicklungsplänen“ zusammen und ruft die von dem Themenbereich betroffenen Behörden zur ressortübergreifenden Zusammenarbeit und zu privat-öffentlicher Kooperation auf; zuweilen wird für diese Koordinationsleistungen eine eigene „Koordinierungsstelle“ herbeigeführt.[9] An diesem Regelungstyp kann bei den Bemühungen um die Etablierung der "Querschnittspolitik" Lokaler Zeitpolitik angeknüpft werden.

Um dafür Beispiele zu geben:

– Sämtliche fünf Ausführungsgesetze Nordrhein-Westfalens zum Sozialgesetzbuch Achtes Buch (SGB VIII) von 1990 (Kinder- und Jugendhilfe) for-

9 In der Rechtstheorie wird im Anschluss an Niklas Luhmann hier von zwei unterschiedlichen rechtlichen "Programm"typen gesprochen. Das "Konditionalprogramm" folgt dem "Wenn-dann-Schema" – es formuliert Bedingungen, bei deren Vorliegen sozusagen automatisch eine Rechtsfolge eintritt. Demgegenüber folgt das "Zweckprogramm" einem "Um-zu-Schema" – es setzt Ziele und beauftragt Akteure und Akteurskonstellationen mit deren Einlösung. Dieser Unterschied kann hier nur erwähnt, nichtvertieft werden.

dern sowie verstärken die Planungszusammenarbeit sowohl mit Trägern der freien Jugendhilfe als auch mit anderen örtlichen und überörtlichen Planungen (wie sie § 80 SGB VIII für die Jugendhilfeplanung vorsieht) und konkretisieren sie für die kommunale Ebene.

- Das Schulgesetz sieht die Zusammenarbeit der Schulen (§§ 4 u. 62 Abs. 1) und die Öffnung der Schule (§ 5) zur „Erfüllung des schulischen Erziehungs- und Bildungsauftrags" vor. Darauf beruht auch das Konzept der „offenen Ganztagsschule" (§ 9 Abs. 3). In diesem komplex ausgeweiteten Schulverständnis findet sich denn auch das Erfordernis einer mit anderen Schul- und Weiterbildungsträgern abzustimmenden „Schulentwicklungsplanung" (§§ 80 und 78 Abs. 4).
- Auch das Alten- und Pflegegesetz von 2014 sieht Zusammenarbeitspflichten sowohl von Behörden wie von öffentlichen und privaten Akteuren vor (§§ 7 Abs. 1-3 und 19 Abs. 3) vor. Dort sind komplexe, mit der demographischen Entwicklung in Verbindung stehende Planungsprozesse vorgesehen: Aufgaben zu Planung allgemein (§ 7), zu Förderplänen für die spezifische Lebenslagealternder Menschen (§ 9) und zu übergreifender Planung (§§ 7 und 19).
- Ähnlich strukturiert ist das gleichfalls aus 2014 stammende Wohn- und Teilhabegesetz. Auch dieses fordert die Zusammenarbeit aller zuständigen Behörden über Ressortgrenzen hinweg (§ 1 Abs. 1 S. 2 und § 5, Abs. 1 S. 2 und Abs. 2 Ziff. 1). Interessanterweise wird hier eine Ombudsperson vorgesehen (§ 16), die mit einer Vermittlerfunktion für die angezielte Personengruppe ausgestattet ist (allerdings auf ehrenamtlicher Ebene).
- Einen zeitpolitischen Zusammenhang weist bereits das Gesetz über frühkindliche Bildung auf. Es enthält schon eine Zeitregelung, die die Vereinbarkeit von Betreuungszeiten mit Elterninteressen vorsieht (§§ 3a Abs. 3 und 13 e). Es sieht die erwähnten Familienzentren vor (§ 16), die bei Tageseinrichtungen angesiedelt sind und wesentlich Beratungs- und Sprachunterstützung zum Gegenstand haben. Auch die Figur der „plus KITA" (§ 16a) ist hier zu nennen. Ihr Aufgabenbereich wird sozialräumlich charakterisiert, die Einrichtung wird zum Stadtteil und Wohnumfeld der Eltern hin geöffnet.
- Eine sozialräumliche Orientierung struktureller Art findet sich auch in § 11 DVO KiBiZ von 2007 für das Gütesiegel für Familienzentren. Auch hier werden Kooperationen über Amtszuständigkeiten hinweg angeordnet: mit der Schule (§ 14b), im Falle von Behinderung mit Trägern (§ 14a) oder mit Familienzentren (§ 13).

Nicht nur bei *sozialen* ("weichen") Gestaltungen findet sich der neue Rechtstyp mit „Plänen"/"Entwicklungsplänen" und der Verpflichtung, ressortübergreifend und ggf. privat-öffentlich zusammenzuarbeiten. Er findet sich auch in den *„harten"* Materien etwa des Baurechts.

- Auf Bundesebene sieht das (Bundes-)Raumordnungsgesetz (ROG) Ziele und Grundsätze für die Raumordnung vor (§§ 1 und 2). Auf diese verpflichtet es die Raumordnungsplanung der Länder (§ 8)– worauf der Landesentwicklungsplan (LEP)-Entwurf vom September 2015 (Staatskanzlei 2015) beruht. Zugleich sieht das ROG die Zusammenarbeit von öffentlichen und privaten Akteuren (§ 13) wie auch die Zusammenarbeit zwischen Regelungsebenen (Europa, Bund, Länder) vor (§ 26).
- Auch das Baugesetzbuch des Bundes sieht Zielkataloge vor (§ 1 Abs. 5). Es fällt auf, dass es keine zeitgestalterischen Ziele formuliert, sondern i. W. Raum- und Architekturgestaltung thematisiert. Das Gesetz schreibt die Abstimmung zwischen Behörden bei der Bauleitplanung vor (§ 4 Abs. 2). Für die Flächennutzungsplanung (§ 5) stellt es einen Katalog der „Art der Bodennutzung" auf (§ 5 Abs. 1 S. 1 und Abs. 3), der gleichfalls dem traditionellen Verständnis des Baurechts entsprechend überwiegend dinglicher Art ist. So ist die Regelung des rechtsverbindlichen Bebauungsplans (§ 8 Abs. 1) zwar auch auf „Nutzung" bezogen (§ 9 Abs. 1 Nr. 9-11), aber überwiegend dem baulichen Verständnis verschrieben. Anders der neu eingefügte Abschnitt „Soziale Stadt" (§§ 171e ff.), der „durch soziale Missstände benachteiligten Ortsteilen" (§ 171e Abs. 2) gilt: Er sieht eine besondere über Ressortgrenzen hinweggehende Koordinierungspflicht vor (Abs. 5, S. 1) und eine „Koordinationsstelle" (Abs. 5, S. 2), die auf ein harmonisiertes Ergebnis der Planung hinarbeiten soll.

Es zeigt sich somit, dass in der neueren Gesetzgebung Nordrhein-Westfalens (auch des Bundes, wie die letztgenannten Beispiele zeigen) einem Regelungstypus folgen, an dem kommunale Zeitpolitik anknüpfen kann. Vorschlägen, wie sie in meinem Gutachten enthalten sind, wird zuweilen vorgehalten, sie überforderten die kommunalen Akteure durch ihre Ansprüche an ressortübergreifendes Denken und ressortübergreifende Zusammenarbeit. Die Verpflichtung zu ressortübergreifendem Denken und ressortübergreifender Zusammenarbeit gibt es aber längst – auch wenn es da und dort bei der Einlösung hapert.

Der neue Regelungstyp ist an Lebenslagen und den mit ihnen verbundenen zu lösenden sozialräumlichen Problemen orientiert. Er sieht ressortübergreifende Kooperations- und Planentwicklungsprozesse vor, die Aussicht haben, der Komplexität der mit den Lebenslagen verbundenen Probleme gerecht zu werden. Nicht zufällig wird mit dieser Koordination zuweilen eine Instanz betraut (hier Ombudsperson, Koordinierungsstelle), die außerhalb der Ressortzuständigkeiten und Ressortegoismen steht und dadurch zu integrierendem Verhalten in der Lage ist.

Ich möchte diesen Abschnitt mit einer Relativierung und Zuspitzung enden. Die modernen Gesetze haben einen neuen Regelungstyp erschlossen, der problemorientierte Ressortkooperation und übergreifende Planungsprozesse vorsieht. Allerdings haben sie die neue Wohlstandskomponente Zeit noch kaum entdeckt. Das bleibt wohl dem neuen Politikfeld Kommunale Zeitpolitik vorbehalten.

Wenn man sich in Summe diese drei Bedingungen veranschaulicht – die Selbstverwaltung begünstigende Kommunalverfassung, die hohe zivilgesellschaftliche und staatliche, auch öffentlich-private familiengestaltende Aktivität und die neuere Gesetzgebungspraxis, die Lebenslagenorientierung und darauf begründete Kooperations- und Planungsverantwortung vorsieht –, kann man für Nordrhein-Westfalen eine optimistische Prognose für die Realisierung von Zeitpolitik stellen. Bei Berücksichtigung der je unterschiedlichen rechtlichen und tatsächlichen Rahmenbedingungen gilt dies auch für andere Bundesländer.

IV Ziele, Handlungsfelder und Methoden lokaler Zeitpolitik

Ein zeitlicher Problemdruck ist vorhanden (II "Die Zeitklemme"), und ein seiner Bewältigung entgegenkommendes Instrumentarium ist entwickelt. Das sind gute Voraussetzungen für Zeitpolitik in Nordrhein-Westfalen. Vor dem Versuch, die zur Begutachtung gestellten Annahmen zu überprüfen, skizziere ich kurz die derzeit als gesichert anzunehmenden Grundverständnisse von Zielen, Handlungsfeldern und Methoden lokaler Zeitpolitik.[10] Dieser wird bei der weiteren Prüfung immer vorausgesetzt.[11] Wie unter III. dargestellt, beginnt Zeitpolitik in den Kommunen Nordrhein-Westfalens keineswegs "bei Null". Im Gegenteil: Sie findet in diesem Bundesland bereits Erfahrungen und günstige Startbedingungen vor. Es geht deshalb in diesem Abschnitt nicht darum, über Zeitpolitik zu "belehren." Es geht darum, sich über wissenschaftlich abgesicherte Grundverständnisse von lokaler Zeitpolitik zu verständigen, weil davon die Konzepte und Konsense für künftige zeitpolitische Praktiken abhängen. Ich verfolge wissenschaftlich die lokale Zeitpolitik in Europa, vor Allem in Italien, in Frankreich und in Deutschland, aber auch in anderen Länder, seit etwa zweieinhalb Jahrzehnten und sehe die folgenden Grundverständnisse als relativ gesichert an.[12]

---

10 Zum Verhältnis zwischen "lokaler Familienzeitpolitik" und "lokaler Zeitpolitik" notiert der Achte Familienbericht der Bundesregierung: "Eine Zeitpolitik für die Familie spannt einen weiten Schirm auf, unter dem sich mehr als die klassischen Themen und Felder der Familienpolitik versammeln. Das liegt daran, dass eine Familienzeitpolitik von Lebenslagen ausgeht, die sich nicht auf Familie und Familienleistungen begrenzen lassen." (BMFSFJ 2012, S. 198) Dazu im nachfolgenden Exkurs mehr.

11 Zwar richtet sich der Gutachtungsauftrag vornehmlich auf Fragen der Organisationsform lokaler Zeitpolitik. Da aber die Organisations*form* den *inhaltlichenAnforderungen* entsprechen muss ("form follows function"), ist dieser Umriss der inhaltlichen Vorverständnisse unumgänglich.

12 Hier sind die wichtigsten resümierenden Literaturstücke (oftmals Herausgeberwerke, die eine Vielzahl weiterer Autor/innen enthalten): *Zu Italien* vgl. Bonfiglioli/ Mareggi 1997 und 2004; Boulin/Mückenberger 1999; Mareggi 2000 und 2013; Regione Lombardia 2010; Zedda 2009. *Zu Frankreich*: Boulin 2008 und 2015; Boulin/Mückenberger 2002; Tempo Territorial 2013; Royoux/Vassallo 2013. *Zu Deutschland:* Eberling/Henckel 1998; Mückenberger 1998, 2000, 2001, 2004 und 2012; Heitkötter 2006 und 2009; Läpple et al. 2010; Deutscher Verein 2013; Henckel et al. 2013; Jurczyk et al. 2015. *Zu Europa insgesamt:* Boulin/Mückenberger 1999, 2000 und 2005, Mückenberger 2000, 2001 und 2011. Vgl. weitergehend die den drei Ländern zugeordneten Literaturangaben im Literaturverzeichnis.

1. Kommunale "Familienzeitpolitik" und "kommunale Zeitpolitik"

Ich unterscheide im Folgenden nicht systematisch zwischen kommunaler Familien- und kommunaler Zeitpolitik. Einmal enthält letztere ja die erstere. Zum Anderen fehlen genaue Abgrenzungsmerkmale kommunaler Familienpolitik, an die sich das Konzept kommunaler Familienzeitpolitik anlehnen könnte.

Auf Bundesebene listet eine aus dem Jahre 2010 stammende Bestandaufnahme insgesamt 156 familienpolitische Leistungen und Maßnahmen des Staates auf (BMFSFJ 2010).[13] Diese wurde i.w. der Gesamtevaluation der familien- und ehebezogenen Leistungen und Maßnahmen (Prognos 2014[14]; dazu BMFSFJ 2014d) zu Grunde gelegt. Für das Land Nordrhein-Westfalen wurde im Oktober 2013 eine Übersicht über familienpolitische Leistungen in Nordrhein-Westfalen erstellt, die 14 Felder aufwies.[15] Diese Übersicht blieb nicht auf das engere familienpolitische Terrain beschränkt.[16]

Die Bundesdokumente und die Prognos-Auswertung[17] nahmen zwar eine Differenzierung nach Bundes-, Landes- und Kommunalaufgaben vor. Sie beschränkten sich jedoch auf monetäre Leistungen und Maßnahmen. In Realleistungen und -vorkehrungen bestehende Maßnahmenbündel klammerten sie

13 "Die Bestandsaufnahme 2010 umfasst 156 ehe- und familienbezogene Einzelmaßnahmen mit einem Volumen von 200,3 Mrd. Euro."

14 Seite 3: "Im Jahr 2010 – das aktuellste verfügbare Jahr – umfasste das gesamte ehe- und familienbezogene Instrumentarium 148 familienbezogene und acht ehebezogene (Einzel-) Leistungen mit einem Gesamtvolumen von 200 Mrd. Euro."

15 Siehe MFKJKS 2013, S. 1-3: "I. Hilfen in der Schwangerschaft, II. Familienbildung, III. Familienberatung, IV. Familienzentren, V. Alltagsunterstützung von Familien, VI. Unterhaltsvorschuss, VII. Beitragsfreies Kindergartenjahr, VIII. Wohnungsförderungsprogramm, IX. Förderung der Gesundheit von Familien, X. Kinderschutz, XI. Kommunale Familienpolitik, XII. Prävention/Landesmodellvorhaben Kein Kind zurücklassen, XIII. Vereinbarkeit von Beruf und Familie, XIV. Familienverbände." Diese Liste wurde ausdifferenziert in der vom MFKJKS entworfenen Antwort der Landesregierung: Landesregierung 2015.

16 "Die folgende Übersicht enthält die landespolitischen Leistungen (Infrastrukturen, Programme, Projekte) für Familien. Unter den Nummern I. bis VII. sind Leistungen aufgeführt, die sich ausschließlich und direkt an Familien wenden. Die Nummern VIII. (Wohnraumförderungsprogramm) und IX. (Förderung von Gesundheit von Familien) weisen Förderungen auf, die auch einen familienpolitischen Schwerpunkt haben. Bei den Nummern ab XI. geht es um Förderungen, die eine Verbesserung der Rahmenbedingungen von Familien zum Ziel haben."

17 S. 33: "Ferner setzten die verwendeten methodischen Ansätze voraus, dass die zu untersuchenden Leistungen monetär bewertbar sind. Damit konnten Leistungen wie die Elternzeit, die ausschließlich die Zeitverfügbarkeit betreffen, nicht berücksichtigt werden. Finanziell bedeutende Leistungen wurden dann nicht einbezogen, wenn ihre Nutzung nicht unmittelbar einzelnen Haushalten zugeschrieben werden kann. Dies ist z. B. bei den Hilfen zur Erziehung im Rahmen der Jugendhilfe der Fall."

strukturell aus. Oft sind aber gerade diese zeitpolitisch (und familienpolitisch) relevant. So sind z.B. etwa die Existenz und Qualität öffentlicher Räume oder die Existenz und Zuverlässigkeit nachbarschaftlicher und ehrenamtlicher Hilfe nur schwer oder gar nicht monetarisierbar, sie haben aber großen Einfluss auf die zeitliche Seite alltäglicher Lebensqualität, sind also zeitpolitisch, auch familienzeitpolitisch nicht zu vernachlässigen. Auch die nordrhein-westfälische Übersicht spart zeitpolitisch relevante Maßnahmen aus.[18] Dafür gibt es sicherlich gute Gründe, doch erschwert es die zeitpolitische Re-Interpretation familienpolitischer Maßnahmen und Leistungen.

Diese Schwierigkeit, familienpolitische Maßnahmen klar abzugrenzen, ist zwar bedauerlich, aber für die weiteren zeitpolitischen Darlegungen unschädlich. Die zeitpolitische Dynamik beschränkt sich ohnehin nicht auf das engere Feld familienpolitischer Maßnahmen. Sie reicht zwangsläufig in das Feld der – wie die nordrhein-westfälische Übersicht von 2013 (MFKJKS 2013) und der Familienbericht (MFKJKS 2015, S. 213, 216, 221) richtig benennen – auch für Familien relevanten kommunalen Rahmenbedingungen hinein.

Für die zeitpolitische Betrachtung der familienbezogenen Maßnahmen und Leistungen dürften zwei Unterscheidungsmerkmale für die organisationspraktische Verankerung von Familienpolitik bedeutsam sein:

1. Familienbezogene bzw. -unterstützende Maßnahmen und Leistungen sind nach dem Maßnahmetyp, der unterschiedliche Organisationsstrukturen nach sich zieht, unterscheidbar:
   - Sie können in *tatsächlichen personenbezogenen Dienstleistungen* ("Hilfen" für bestimmte Personengruppen wie Kinder und Jugendliche, Eltern, Alleinerziehende, Ältere Menschen nach den jeweils auf sie anwendbaren Vorschriften) privater oder öffentlicher Art bestehen. Es liegt nahe anzunehmen, dass die Allokation solcher Dienstleistungen dezentral, am Ort des Lebens und Aufenthalts der von diesen Maßnah-

18 S. 1/2: "Nicht aufgeführt sind Infrastrukturen oder Förderungen des Landes, die sich explizit an Kinder und Jugendliche richten wie Betreuung (Kindertageseinrichtungen, Offene Ganztagsschulen), Bildung (Schulen, Hochschulen) oder Lebensgestaltung (u.a. Kultur, z.B. Musikschulen, Sport, z.B. Bewegungskindergärten). Gleiches gilt für Schutzmaßnahmen für Frauen wie Frauenhäuser. Zweifellos sind diese Bereiche auch für Familien von entscheidender Bedeutung, so dass bei ihrer Ausgestaltung auch familienpolitische Belange zu berücksichtigen sind. Dies gilt auch für andere Felder der Landespolitik wie z'.B. den Pflegebereich, die Unterstützung von Menschen mit Behinderungen oder die Integrationspolitik. Nicht erfasst sind zudem die familienpolitischen Leistungen, für die der Bund die Zweckausgaben allein trägt. Die Administration erfolgt auch hier zum Teil durch das Land. Das gilt für das Elterngeld, das Betreuungsgeld und das Bildungs- und Teilhabepaket. Die Leistungen werden hier aber vom Bund aus inhaltlich festgelegt."

men angezielten Menschen, geschehen muss und eine dementsprechende Organisationsstruktur verlangt.

- Dem stehen gegenüber Maßnahmen und Leistungen, die in *Beratung, Planung und verbindlichen "Entscheidungen"* über Rechte und Pflichten der Betroffenen bestehen (Beratung und Entscheidungen über Plätze in Kindertageseinrichtungen, über Wohngeld oder andere Subventionen, behördliche Anmeldungen etc.). Planungsakte und verbindliche Entscheidungen familienpolitischer Art haben oft rechtlichen Charakter und verlangen eher zentrale Organisationsstrukturen in der Kommune.
- Zwischen beiden Ebenen und Maßnahme- und Leistungsbereichen besteht ein inhaltlicher Zusammenhang, der in der Organisationsstruktur gleichfalls seinen Niederschlag finden muss.

In Nordrhein-Westfalen bestehen z.B. Familienzentren, die bei Kindertagesstätten angesiedelt sind und deren Funktion um solche der Elternberatung und -konsultation erweitert ist. Hier handelt es sich um die dezentrale Komponente der personenbezogenen Dienstleistung. Gleichzeitig bestehen (oder sind geplant) Familienbüros oder Familienservicebüros, in denen Beratung, strategische Planung, u.U. sogar Einzelfallentscheidungen für Betroffene stattfinden. Hierbei handelt es sich um die zentrale Komponente familienbezogener Leistungen und Maßnahmen. An diese Unterscheidung wird in Kapitel V. 1. und 2. anzuknüpfen sein.

2. Weiter kann man direkt familienbezogene von indirekt familienbezogenen Leistungen und Maßnahmen unterscheiden.

- *Direkte* Maßnahmen sind solche, die unmittelbar an Tatbeständen der Familien und ihren unterschiedlichen Formen, von Kindern, von pflegebedürftigen älteren Menschen und von Ehe anknüpfen und an diese Tatbestände bestimmte Rechte und Pflichten knüpfen. Meistens wird dies verstanden als die Gesamtsumme familienunterstützender Maßnahmen.
- Für das Wohlergehen und auch den Zeitwohlstand von Familien kommt es aber auch auf eine Vielzahl *indirekter* Maßnahmen und Vorkehrungen an, die sich auf die Lebensqualität auswirken. Dies beginnt (wie wir gesehen haben) bei der Stadtgestaltung, bei den Grüngürteln einer Stadt, bei den Freizeit- und Kulturangeboten und reicht bis hin zu Emissionsfreiheit und Sicherheit in den privaten und öffentlichen Räumen der Stadt. Diese indirekten Maßnahmen kommen Familien und ihrem Zeitwohlstand zugute – aber eben nicht nur Familien, sondern allen Nutzer/innen der Stadt.

Zeitpolitische Maßnahmen, die dem Wohlergehen und dem Zeitwohlstand von Familien dienen sollen, können solche indirekten Maßnahmen und Leistungen nicht außer Acht lassen. Hier wird die Grenze zwischen Familienzeitpolitik und dem, was man allgemein Zeitpolitik nennt, fließend. Am klarsten ist, den Terminus "kommunale Zeitpolitik" zum Anknüpfungspunkt für ein kommunales Gestaltungsfeld zu nehmen, das dem zeitlichen Wohlbefinden Aller zugutekommt, damit auch dem der Familien.

Gerade bei personenbezogenen Dienstleistungen und bei indirekt familienpolitischen Maßnahmen sind Berührungspunkte zwischen dem weiteren Begriff von lokaler Familienpolitik (BMFSFJ 2012, S. 198) und kommunaler Zeitpolitik zu verzeichnen. Im Rahmen dieses Gutachtens halte ich eine gewisse "Offenheit" für diese Abgrenzung ein. Ich setze gewisse familienpolitische Akzente, ohne damit aber eine strikte "Abgrenzungsabsicht" zu verfolgen.

2. Zeitpolitik – ein neues Politikfeld

Zeitpolitik besteht in bewussten gesellschaftlichen und staatlichen Gestaltungen, die die zeitlichen Bedingungen der Menschen in ihrem Alltag so verändern, dass sie zur Steigerung der Lebensqualität der Menschen beitragen. Der zeitpolitische Zugang besteht darin, die die Menschen umgebenden gesellschaftlichen Verhältnisse – seien sie baulicher, finanzieller, bürokratischer oder sonstiger Art – radikal von den menschlichen Lebenslagen her zu thematisieren, nicht (oder erst sekundär) von den Eigenlogiken dieser Bereiche her. Ziel der Zeitpolitik ist v. A. die Verbesserung der Lebensqualität.

Jeder Alltag von Menschen geschieht in der Zeit. Arbeiten, Kommunizieren, Lieben, Pflegen, Schlafen, Ausspannen geschehen in der Zeit. Deshalb können gutes gelingendes Leben und soziale Kohäsion vielfach auch an ihrem zeitlichen Rahmen festgemacht werden – und werden es vielfach auch. Entgegen dem Vorurteil „Jeder hat pro Tag 24 Stunden“ ist Zeit in ihrem alltäglichen Gebrauch in quantitativ und qualitativ höchst ungleicher Weise vorhanden. Zunehmend beobachten wir denn auch „Zeitkonflikte“. Zu denken ist an unterschiedliche durchschnittliche Zeitbudgets von Männern und Frauen. Zu denken ist an den unterschiedlichen Zeitwert Älterer und Arbeitsloser, dass Älteren die Zeit schneller ver(loren)geht – „gelebte Zeit“ ist nicht „gezählte Zeit“. Zu denken ist an den Zeitdiebstahl durch Ämter, Wartzimmer, Staus. Zu denken ist an die unterschiedlichen Zeitstrukturen industrieller und dienstleistungsorientierter Quartiere. Zeiten sind daher immer Gegenstand von Verteilungsprozessen und -konflikten und divergierenden Beurteilungskriterien von sozialer Gerechtigkeit in ihrer Verteilung.

3. Ein doppeltes Verständnis von Zeit im zeitpolitischen Kontext

Zeit wird seit langem als zweierlei verstanden: "Vom objektiven Verlauf zeitlichen Geschehens, das durch menschliche Zeit-Einteilung und Zeit-Messung in Perioden von Nanosekunden bis zu Jahren gegliedert sein kann, hebt sich das subjektiv unterschiedliche Erleben zeitlichen Geschehens ab." (Brockhaus 1994, S. 470). Die Unterscheidung von "gezählter und "gelebter" Zeit ist für die zeitpolitische Debatte essentiell. Die gezählte Zeit gewinnt in unserer Gesellschaft aufgrund fortwährender Ökonomisierung zunehmend an Gewicht – es gibt gravierende Anzeichen der Unterwerfung der gelebten Zeit unter den Beschleunigungsdruck (Rosa 2005).

Gelebte Zeit ist aber wohl der eigentliche Bezugspunkt dessen, was Menschen als ihre Lebensqualität oder ihr gutes Leben verstehen – dafür bietet gerade der Familienbericht von 2015 unzählige Belege. Dass gelebte Zeit große Bedeutung und hohen Wert für Individuen, Familien und Gruppen (wenn auch in deutlicher Diversität) gewinnt, darf deshalb gesellschaftlich – und erst recht zeitpolitisch - nicht ignoriert werden. Zutreffend stellte der Achte Familienbericht fest: "Trotz eines weithin subjektiv erlebten Mangels an Zeit wird aber hier nicht davon ausgegangen, dass ein bloßes „Mehr“ an Zeit für Familien erforderlich ist." (BMBFSFJ 2012, S. 7/8) Er folgert daraus, dass es nicht so sehr der Wunsch nach mehr Zeit, sondern der Wunsch nach Zeitsouveränität, nach Selbstbestimmung über die eigene Zeitverwendung ist, der Schutz verdient.

In der Zeitpolitik wird Zeit daher als zweierlei verstanden und behandelt:

- Zeit als *quantitative Ressource, als rechnerische Größe,* in der Erwartungssicherheit zwischen Akteuren hergestellt wird, und
- Zeit als *qualitatives, als kulturelles Medium*, in dem sich Identitäts-, Bedeutungs- und Sinnstrukturen der Menschen ausprägen.

4. Ziele, Qualitäts- und Gerechtigkeitsmaßstäbe für Zeitpolitik

Über legitime Ziele von Zeitpolitik gibt es heute zumindest punktuelle Klarheit. Diese Ziele müssen normativ ausgewiesen sein, d.h. sie müssen auch den Charakter von Gerechtigkeitsmaßstäben haben. Gerechtigkeitsmaßstäbe für zeitpolitische Intervention werden unter verschiedenen Titeln geführt. Seit längerem werden die Begriffe des „Zeitwohlstands“ (J. Rinderspacher 2002) und der "Zeitsouveränität“ (B. Teriet 1977; DGfZP 2005) verwendet. In jüngerer Zeit ist das Postulat des „droit au temps“ (F. Ost 1999) oder des „Rechts auf eigene Zeit“ (U. Mückenberger 2004) hinzugetreten.

Die Selbstverfügung und Autonomie der Individuen und Familien im Umgang und bei Verwendung ihrer Zeit steht bei allen Konkretisierungen im Vordergrund (so auch im Achten Familienbericht). Zeitpolitische Forschung hebt fünf Unterkriterien hervor. Diese sind mittlerweile auch so weit zu Indikatoren operationalisiert, dass sie für zeitpolitische Evaluierungsprozesse verwendet werden können (Mückenberger 2012, S. 99-102, 103-27). Diese Unterkriterien sind: 1. keine illegitime Fremdbestimmung über die Zeit Anderer; 2. keine Diskriminierung im Zeitgebrauch; 3. keine gesellschaftliche Entwertung von Zeit; 4. ein Recht auf Zeitkultur – d. h. die Befähigung, mit Zeit im Sinne selbst gefundener Sinnkriterien umzugehen; 5. ein Recht auf kollektive („gemeinsame") Zeiten.

Selbstbestimmung des Zeitgebrauchs: Diese normative Komponente (sie wird stark vom Achten Familienbericht hervorgehoben und ausgearbeitet – BMFSFJ 2012) zielt auf die Erweiterung von Möglichkeiten und Formen der Selbstbestimmung ab, mit denen die Zeiten in den Bereichen der Erwerbsarbeit, der sozial gebundenen Zeiten und der freien Zeiten gestaltet und miteinander vereinbart werden kann. Sie schließt ein: Selbstbestimmung des Zeitgebrauchs in Arbeitszeiten (wegweisend Teriet 1977), in sozial gebundenen Zeiten (Tätigkeiten der Fürsorge, der Erziehung, des Ehrenamtes, der Pflege etc., vgl. Jurczyk/Rerrich 1993) und in freien Zeiten.

Gleiche (individuelle) zeitliche Verwirklichungschancen: Diese normative Komponente zielt auf die Gleichberechtigung aller Individuen in zeitlichen Verwirklichungschancen ab. Ausgangspunkt ist die Kritik, dass Frauen aufgrund der ihnen sozial zugeschriebenen Zuständigkeit für Fürsorge-, Erziehungs- und Hausarbeitstätigkeiten in ihrer zeitlichen Selbstbestimmung strukturell benachteiligt werden (so sehr deutlich der Familienbericht von 2015). Die Debatte hat Bedeutung über die Geschlechterverhältnisse hinaus. Individuen in verschiedenen Lebenslagen und -phasen müssen vor struktureller Ungleichheit in der Selbstbestimmung des Zeitgebrauches geschützt werden (vgl. Matthies u.a. 1994; Heitkötter 2003: 89).

Wertschätzung von (sozialen) Zeiten: Bestimmte Zeiten werden als weniger wert angesehen werden als andere – wie z.B. Zeiten von Arbeitslosigkeit, Alter, Zeiten der Erziehung und der Pflege etc. Ursache dieser systematischen Entwertung scheint der von der Industriegesellschaft tradierte Primat der Erwerbsarbeit und der Erwerbsarbeitszeit zu sein. Einige der entwerteten Zeiten stehen in einem Umwertungsprozess: z.B. erfahren Zeiten der Erziehung und Zeiten der Pflege durch die aktuelle Sozialpolitik eine sowohl materielle als auch symbolische Aufwertung. Von erweiterter Lebensqualität wäre hier auszugehen, wenn der Gebrauch von unterschiedlichen sozialen Zeiten gesellschaftliche Anerkennung erfährt.

Möglichkeiten der zeitlichen Sinngebung und Zeitkultur: Diese normative Komponente wird wiederum im Achten Familienbericht als eigenes Handlungsfeld betont (BMFSFJ 2012). Sie zielt auf einen bewussten Zeitgebrauch des Individuums, um für sich ein gutes Leben verwirklichen zu können. Gemeint ist die Achtsamkeit im Umgang mit Zeit. Damit ist grundlegend eine Reziprozität verknüpft, sowohl die eigene Selbstbestimmung im Zeitgebrauch als auch die zeitliche Selbstbestimmung von Anderen zu achten und zu entfalten. Die zeitpolitische Förderung von ‚Zeitkultur' (Hatzelmann/Held 2005) achtet darauf, dass Bedürfnisse nach und Tätigkeiten der Zuwendung, Anerkennung, Liebe, Vertrauen, Würde, Arbeitsqualität etc. qualitativ andere Zeitformen brauchen als die der industriell rationalisierten und quantifizierten Zeit. ‚Zeitkompetenz' ist eine zu erwerbende und zu entfaltende Fähigkeit, mit der die Individuen die Koordination unterschiedlicher Zeitformen selbstbestimmt wählen und entfalten können; ‚Zeitempathie' meint den achtsamen Umgang mit eigenen Zeiten und denen Anderer.

Spielräume für gemeinsame Zeiten: Familien und überhaupt Gruppen von Menschen haben Anspruch darauf, gemeinsam über Zeit verfügen können, um gesellschaftlich notwendige und relevante soziale Beziehungen leben und entfalten zu können. Gesellschaftlich notwendige Beziehungen wie die Elternschaft, das kommunale Vereinswesen, Gemeinde, Weiterbildung oder Ehrenamt sind bedroht, wenn Gruppen von Individuen nicht über gemeinsame Zeiten verfügen. Wo alle Individuen genötigt sind, ihre Zeit selbstverantwortlich zu ökonomisieren, sind gemeinsame Zeiten ein hochkomplexes Unterfangen (Henckel/Eberling 2002). Sie erfordern eine angemessene Aushandlung zwischen kollektiven Zeitstrukturen (Rinderspacher 2002) und individuellen Zeitkompetenzen (Held 2003). Dies ist eine zeitpolitische Herausforderung ersten Ranges.

Über diese fünf Ziele von Zeitpolitik[19] wie auch ihre Legitimität besteht im zeitpolitischen Diskurs weitgehend Einigkeit. Auf ihnen beruhen Handlungs- und Bewertungsmaßstäbe in den Anwendungsfeldern von Zeitpolitik.

5. Anwendungsfelder von Zeitpolitik

Hinsichtlich der Anwendungsfelder familienbezogener lokaler Zeitpolitik ist der Erkenntnisstand in zwei neueren Dokumenten zusammengefasst: dem Achten Familienbericht der Bundesregierung (BMFSFJ 2012) und dem aus dem

19 Diese Ziele sind nicht als abschließende zu verstehen. Sie haben sich im Verlaufe zeitpolitischer Praxis und deren empirischer und theoretischer Reflexion herausgebildet. Darin zeigen sie allerdings eine erstaunliche Konvergenz über Ländergrenzen hinweg – vgl. die in Fußnote 12 aufgeführte Literatur.

Modellprojekt des Bundes hervorgegangenen Leitfaden zur kommunalen Familienzeitpolitik (BMFSFJ 2014a).

Der achte Familienbericht führt als vier Handlungsfelder auf: 1.Erhöhung der Zeitsouveränität (durch Schaffung von Rahmenbedingungen zu schaffen, die es Menschen erleichtern, Familie im Rahmen allgemeiner Grundsätze so zu leben und zu gestalten, wie sie es wünschen). 2. Umverteilung von Zeit (zwischen Generationen, Geschlechter, Alters- und anderen sozialen Gruppen – aber auch intrafamiliär, interpersonal wie auch intertemporal). 3. Verbesserung der Synchronisation disponibler Zeit (durch Optimierung der Passung von Zeittakten und Zeitrhythmen gesellschaftlicher Strukturen, z.B. im Sinne gemeinsamer Zeiten für Familien). 4. Stärkung der Zeitkompetenz der Menschen (in Familie, Schule und Erwachsenenbildung, auch im betrieblichen Kontext) zur Bewältigung des Alltags wie für die Steuerung der eigenen Biografie und der von Kindern.

Diese Felder weisen große Übereinstimmung mit den soeben entwickelten Zielen von Zeitpolitik auf. Ob sie aber "Handlungsfelder" darstellen, erscheint wenig plausibel. Dazu bedürfen sie weitergehender Konkretisierung von Aufgaben- und Tätigkeitsbereichen mit ihren jeweiligen Rahmenbedingungen, wie sie der Bericht an anderer Stelle durchaus vornimmt.

Eine solche Konkretisierung nimmt der genannte Leitfaden zur kommunalen Familienzeitpolitik (BMFSFJ 2014a) durchaus vor. Dieser Leitfaden fasst sieben Handlungsfelder mit mehreren praxisorientierenden Unterpunkten zusammen:

1. Zeiteffiziente Mobilität (selbstständige Mobilität von Kindern fördern; Fahrgemeinschaften, Mitfahrgelegenheiten u. ä. bilden; ÖPNV an den Bedarfen der Familien ausrichten oder Alternativen bereitstellen; Wege reduzieren durch Angebote vor Ort; Freizeitaktivitäten bündeln).
2. Betreuungs- und Bildungsinfrastrukturangebote nach Maß (verlässliche Kinderbetreuungs- und Bildungsangebote, insbesondere auch in Randzeiten, Ferien und bei kurzfristigen Schulstundenausfällen; Betreuungsangebote für hilfe- und pflegebedürftige Angehörige; Flexible Öffnungszeiten, insb. bei Kinderbetreuung).
3. Familienbewusste Arbeitswelt und Ausbildung (Lage und Umfang der Arbeitszeiten flexibilisieren; Arbeitsorte familienorientiert flexibler gestalten; betriebliche Kinderbetreuung und haushaltsnahe Dienstleistungen bereitstellen; Informationstransparenz und Unternehmenskultur).
4. Erreichbare, flexible Gesundheitsangebote (Sprechstundenzeiten harmonisieren; Transparenz und Service schaffen).

5. Flexible Bereitstellung von Dienstleistungen und Versorgung (Informieren und aktiv vermitteln; Nachbarschaftshilfe aktivieren; Ladenöffnungszeiten anpassen, zentrale Kurzzeitbetreuung anbieten).
6. Bürgernahe und serviceorientierte Verwaltung (Öffnungszeiten verlängern und flexibilisieren; „E-Government" einführen bzw. ausweiten).
7. Familienorientierte Freizeitangebote (Erreichbarkeit sicherstellen; Angebote familiengerecht gestalten; Bürgerschaftliches Engagement einbeziehen).

Diese sieben Handlungsfelder entsprechen dem familienzeitpolitischen Diskussionsstand. Freilich thematisieren sie kaum diejenigen kommunalen Bedingungen, die für die zeitliche Lebensqualität von Stadtbewohner/inne/n, auch von Familien, existenziell sind, aber eben nicht der Familienpolitik zuzurechnen sind.[20] Als solche wurden in der von Italien ausgehenden zeitpolitischen Debatte immer auch genannt und realexperimentell wie theoretisch unterlegt[21] die Handlungsfelder:

1. Sicherheit im öffentlichen Raum (wie müssen Stadtgestaltungen beschaffen sein, um zu unterschiedlichen Tageszeiten die Stadt angstfrei begehen und nutzen zu können?),
2. Stadtplanung, Stadtumbau (inwiefern gehen in die Stadtgestaltung die mit den unterschiedlichen Lebenslagen ihrer Nutzer/innen verbundenen Lebensqualitätsanliegen ein – z.B. durch vor Verkehrsbeschleunigung geschützte öffentliche Räume, durch Mischung der Nutzung für Gewerbe, Wohnen, freie Zeit, durch die "Stadt der kurzen Wege" usw.),
3. städtische und regionale Planungsprozesse, die auf die Zeitgestaltung von Menschen Einfluss haben (z.B. Bau-, Verkehrs-, Flächennutzungs- und Bauleit- sowie kommunale und regionale Entwicklungsplanung) (dazu die Beispiele aus Bonfiglioli/Mareggi 1997; neuerlich Mareggi 2013).

Ich verwende diese weitere Fassung von Handlungsfeldern lokaler Zeitpolitik – wie auch der Achte Familienbericht (BMFSFJ 2012), in der Definition auch der Leitfaden (BMFSFJ 2014a: S. 9[22]). Diese weitere Fassung schließt auch zeitli-

---

20 S. die Unterscheidung oben Kap. IV. 1.

21 S. etwa Bonfiglioli/Mareggi 1997; s. auch das Kurs-Curriculum des 1994/95 angebotenen Weiterbildungsprogramms "Zeiten und Qualität der Stadt" (Mückenberger 2000, S. 307-31, die Handlungsfelder S. 309-21).

22 "Die Maßnahmen von Zeitpolitik erstrecken sich im Sinne eines ganzheitlichen Ansatzes auf alle Bereiche des kommunalen Lebens und schaffen damit für Familien in verschiedenen Alltagsbereichen Entlastung. Kommunale Familienzeitpolitik ist darüber hinaus fest in den Organisationsstrukturen der Kommune verankert, wird meist auch zentral von dort koordiniert und ist damit ein dauerhaftes Element kommunaler Planungsprozesse." (BMFSFJ 2014a, S. 9 Glossar); s. auch Deutscher Verein 2013, S. 9: "Da Familienzeitpolitik alltagsbezogen ist, sollte sie

che Alltagsbedingungen von Familien ein, die auf ihre Lebensqualität unmittelbar Auswirkungen haben, auch wenn sie nicht als Familienpolitik zu fassen sind.

6. Zwei konzeptionelle Grunderfahrungen mit lokaler zeitpolitischer Gestaltung

Die Praxis von kommunaler Zeitpolitik hat in ihrem wechselhaften Verlauf und seiner wissenschaftlichen Evaluierung zwei Grunderfahrungen erbracht:

1. Lokale Zeitpolitiken bedürfen einer ausgewogenen Verbindung von Ziel- und Ressourcenvorgaben („top-down") und unmittelbarer Betroffenen-(stakeholder-)Beteiligung („bottom-up") (Mückenberger/Boulin 1999). Ein bloßer top-down-Ansatz (etwa in den Niederlanden – s. Duist et al., 2001) läuft mit den politischen Programmen aus. Ein bloßer bottom-up-Ansatz findet weder Kontinuität noch Nachhaltigkeit. Italien hat einerseits mit dem nationalen Gesetz von 2000 (dazu Bauer-Polo 2001; Mückenberger 2001a, S. 26-29) und zahlreichen regionalen Gesetzen in der Zeit danach, andererseits mit hoher Bürger- und Zivilgesellschaftsbeteiligung in den Kommunen und Kommunen-Netzwerken einen Mittelweg gefunden (Mareggi 2013, 2016), der Nachhaltigkeit verspricht. Frankreich schlug (gleichfalls im Jahre 2000) einen Mittelweg ein.[23]
2. Zeitpolitische Vorhaben bedürfen immer ressortüberschreitender transversaler Politikorganisation in den Kommunen und Regionen. Stadtentwicklungs-, Wirtschafts-, Gleichberechtigungs-, Familien- und Sozialbehörden müssen dabei kontinuierlich miteinander kooperieren. Ressorts und Ressourcen sind allerdings in den Gebietskörperschaften immer nach Zuständigkeiten organisiert; sie müssen dies u.a. aus rechtlicher Perspektive auch sein. Deshalb besteht die Gefahr, dass sich Zeitpolitiken „departementalisieren". In Deutschland z. B. hat sich auf den Gebieten der Familienpolitik und der Politik der Vereinbarkeit von Beruf und Familie aus der Zeitpolitik eine große Zahl von lokalen „Bündnisses für Familie" entwickelt. Diese

---

als Querschnittsaufgabe verstanden werden, für die nicht nur das Familienressort und das Ressort der Kinder- und Jugendhilfe, sondern u.a. auch die Ressorts Wirtschaftsförderung, Gesundheit, Soziales, Wohnen, Stadtentwicklung und Verkehr in die Verantwortung zu nehmen sind und deren Handeln aufeinander abgestimmt werden muss." (ähnlich Possinger 2011).

23 Art. 1 Abs. 7 des Gesetzes n° 2000-37 vom 19. Januar 2000 (Text bei Mückenberger 2001a, Fn. 18) sah gleichfalls eine Verpflichtung der Bürgermeister zur Zeitpolitik vor – allerdings ohne dem italienischen Beispiel vergleichbare Implementationsvorschriften; solche sind durch die dezentralen Wahlkörperschaften erfolgt (Boulin 2015).

beschäftigen sich intensiv mit lokaler Kinderbetreuung und familienfreundlicher Arbeitszeitgestaltung – und erzielten dort Erfolge. Sie haben aber bislang kaum ressortübergreifende Kooperationszusammenhänge z. B. mit der Stadt- und Quartiersplanung und -entwicklung aufbauen und verstetigen können. Zeitpolitik ist stets wieder der Gefahr der "Flüchtigkeit" („Volatilität“) ausgesetzt. Wie man sie daraus befreien kann, wird für die weiteren Überlegungen dieses Gutachtens leitend sein.

7. Zeitpolitische Methodologie und Instrumente

Die zeitpolitische Methodologie weist einen hohen wissenschaftlichen Erkenntnisstand auf. Sie reicht von zeitstatistischen und zeitdarstellenden Methoden bis hin zu partizipativen zeitpolitischen Methoden (s.a. Europarat 2010 und 2010a).

Die **Zeitbudget-Forschung** ist in Deutschland weit entwickelt (repräsentativ Statistisches Bundesamt 2015). Sie bewegt sich meist auf allgemeinem, hoch aggregierten Niveau. Sie liefert Erkenntnisse über alltägliche Erwerbs- und Pflegetätigkeiten sowie Mobilitätsverhalten sowie deren Geschlechter- und Altersspezifik – Erkenntnisse, die für die zeitpolitische Praxis sehr bedeutsam sind. Präzises zeitpolitisches Wissen – das dem transversalen Charakter der alltäglichen Zeiterfahrung Rechnung trägt – erwächst daraus nicht unmittelbar, kann aber daraus folgen. Dafür ist v.A. bedeutsam, dass solche Erkenntnisse für die konkrete Kommune heruntergebrochen oder neu gewonnen werden; dann können sie nämlich Aufschlüsse über zu bewältigende "Lebenslagen" (Münch 2015, S. 179) geben.

Hauptsächlich in Italien wurde an der sog. **„Chronotopforschung“** gearbeitet (Bonfiglioli 1997, Zedda 2009, S. 63-74). Gewissen Orten sind Zeitstrukturen „einbeschrieben“ – etwa Hochgeschwindigkeitstrassen, Parks/Grünzügen, Gastronomievierteln etc. Im Entstehen ist das Wissen darüber, wie solche Chronotope darstellbar sind, welche Mischungen und Überschneidungen sie erlauben, inwiefern ihnen zu bewahrende oder zu verändernde Merkmale innewohnen. Zeitpolitisch bedeutsam werden diese Darstellungen, wenn es etwa darum geht, ob "ruhige" und langsame öffentliche Räume (wie Parkgürtel und Grünzüge, Wohngebiets- und Spielstraßen) durch "laute" und schnelle Trassen und Durchfahrtsverkehr zertrennt werden sollen oder nicht.

Sog. **„Chronomaps“** wurden in Italien, Frankreich und Deutschland fortentwickelt und angewendet (grundlegend Zedda 2009 – mit beispielhaften Chronomaps S. 152-76). Nach den Hägerstrand’schen Visualisierungen der

60er Jahre[24] ist ein Quantensprung mit den elektronischen Repräsentationen eingetreten, die in den letzten 15 Jahren in Mailand, Bologna, Belfort, Bremen und Hamburg erzielt worden sind. Im Gegensatz zu traditionellen Karten (die Wege und Baulichkeiten enthalten) weisen Chronomaps Bewegungsströme, Flussgrößen, Lichtverhältnisse usw. mit aus, die den aktuellen oder prognostizierbaren Alltag von Menschen (Kindern, Älteren) plastischer sichtbar machen als bloße Zahlen oder Stadtpläne. Die technischen Möglichkeiten dazu sind heute vorhanden – es bleibt noch der partizipatorische und politisch-gestalterische Anwendungszusammenhang zu komplettieren.

Weit fortgeschritten sind die Methoden, dem **Nutzeranliegen bei gesellschaftlichen Planungsprozessen** Beteiligung („voice“) zu verschaffen. Von Anbeginn lokaler Zeitpolitik an wurden in Italien **"Zeitbüros"** als moderierende Instanz lokaler Zeitpolitik gebildet (dazu Näheres unter V. 1.). Unter seiner Moderation – oder auch direkt durch die gewählten Verantwortlichen der Kommune – wurde der "viereckige Tisch" (Stadtverwaltung, Arbeitgeber, Arbeitnehmer, Bürger/innen) als "Planungstisch" etabliert (z.B. Bozen Picone/Bauer-Polo 2001). Deren Gegenstand wurde als gemeinsame Planung ("Ko-Projektierung") verstanden (Mareggi 2000, S. 28-35; Zedda 2009, S. 51-63) – nicht als formale Beteiligung. In Deutschland sind Verfahren der Planungszellen und Zukunftswerkstätten im Gebrauch; sie sind zeitpolitisch auf Verfahren des Choice-Work und der dreiseitigen Mediation (Mückenberger 2012, S. 222-45) zugespitzt worden. Welche langfristigen Lebensqualitätswirkungen solche Beteiligungsformen haben und welcher Lebensqualitätsbegriff ihnen methodisch zu Grunde gelegt werden kann, wurde in einem evaluativen Forschungsprojekt an der Universität Hamburg ausgearbeitet (Mückenberger 2012).

Während die **Raumplanung** ein fertiges technisches und juristisches Rahmenwerk vorfindet, ist die **Zeitplanung** in Deutschland – im Gegensatz zu Italien – erst punktuell entdeckt. In Abschnitt 1 wurde bereits darauf hingewiesen, dass Bundesgesetze wie das Raumordnungsgesetz oder das Baugesetzbuch, aber auch das Landesplanungsrecht,[25] überwiegend der dinglichen Seite der Raumnutzung verhaftet bleiben – die zeitliche Komponente ignorieren sie noch

---

24 Viele zeitpolitische Fortschritte gehen zurück auf die bahnbrechenden Arbeit des in Lund lehrenden Torsten Hägerstrands zur sog. "Zeitgeographie" aus den 60er und 70er Jahren des 20. Jhdt.s. Sie wurden in den 90er Jahren des 20. Jhdt.s für die Alltagszeitforschung (GeoJournal 48.3 (1999), Ellegard/de Pater 1999), die Mobilitätsforschung (s. Journal of Transport Geography 2012, Shaw 2012) und die Aktionsraumforschung (Scheiner 1998) erschlossen und haben maßgeblich zur Chronomap-Entwicklung beigetragen.

25 Für das Land Nordrhein-Westfalen s. Landesplanungsgesetz (LPlG) i.d.F. des Gesetzes vom 8. Dezember 2015 (GV. NRW. S. 838) und Verordnung zur Durchführung des Landesplanungsgesetzes (Landesplanungsgesetz-DVO - LPlG DVO), zuletzt geändert durch Artikel 1 des Gesetzes vom 16. März 2010 (GV. NRW. S. 212). Raumordnungspläne sind - nach § 2

weithin. Techniken, Planungsunterlagen für die Transversalität der Zeitstrukturen menschlicher Alltage zu öffnen und offenzuhalten, gar rechtliche Verpflichtungen, dies zu tun, sind der Stadtplanung wie auch der Sozialplanung, der Familien-, der Verkehrs- und der Bildungsplanung etc. meist noch ein Fremdkörper. "Zeitleitpläne" – ein Kernelement der italienischen Gesetzgebung von 2000 – sind dem deutschen Raum- und Bauplanungsdenken noch fremd. Allerdings hat hier die Akademie für Landesplanung und Raumforschung – auf Initiative v. A. von Dietrich Henckel – wichtige Explorationsschritte unternommen.[26]

Auf zeitpolitischem Gebiet ist also große Aktivität in verschiedenen europäischen Ländern zu beobachten, und es besteht ein beachtliches Know-how und Potenzial auf diesem Gebiet. Aber noch ist eine gewisse Trägheit in der Umstellung auf neue zeitliche Gestaltungserfordernisse zu verzeichnen. Diese ist u.a. durch zwei Faktoren zu erklären. Erstens lässt die Konzentration des städteplanerischen Geschehens auf die "hardware" der Baulichkeit und Architektur die zeitlichen Bedingungen der Nutzung vielfach als "software" erscheinen und vernachlässigen. Hinzu kommt zweitens die Tendenz zur „Departementalisierung“ in Verwaltung, aber auch zivilgesellschaftlichen Organisationen der Gebietskörperschaften. Dort kommt Alltagszeit von Menschen, die "Einheit des Alltags" (s. Krüger 1996) oft nicht vor. Die zeitlichen Bedingungen z.B. des familiären Alltagslebens fallen sozusagen "durch den Rost." Beide Faktoren produzieren das, was Peuckert für Deutschland hochpolemisch, aber nicht grundlos als "Die strukturelle Rücksichtslosigkeit der gesellschaftlichen Verhältnisse gegenüber Familie" brandmarkt (Peuckert 2012; S. 675-92).

LPlG - die Landesentwicklungspläne, die Regionalpläne, die Braunkohlenpläne und der Regionale Flächennutzungsplan.

26 Siehe bereits Akademie für Raumforschung und Landesplanung (ARL) (Hg.), Neue Zeitverwendungsstrukturen und ihre Konsequenzen für die Raumordnung, bearb. v. Wolf, Klaus/ Scholz, Claudia Maria, Forschungs- und Sitzungsberichte, Band 207 , Hannover: ARL, 1999. Aus dem von Dietrich Henckel initiierten ARL-Arbeitskreis zur räumlichen Wirkung veränderter Zeitstrukturen ging der Band Henckel/Eberling 2002 hervor. Derzeit arbeitet ein gleichfalls von Henckel geleiteter ARL-Arbeitskreis "Zeitgerechte Stadt – Konzepte und Perspektiven für die Planungspraxis" 2015/16.

V Erfolgsbedingungen für Zeitpolitik in Kommunen

Vor dem Hintergrund dieser Vorverständigung über Inhalte und Methoden der kommunalen Zeitpolitik wende ich mich nunmehr den zwei zu prüfenden Annahmen für die Umsetzung von Zeitpolitik in nordrhein-westfälischen Kommunen zu, die ich eingangs formulierte. Erstens: Dass die Kommune der sachangemessene "Ort" von familienbezogener Zeitpolitik ist. Zweitens: Dass innerhalb der Kommune der Schwerpunkt auf die Prüfung der Möglichkeiten einer "Bündelung" von Aufgaben und Zuständigkeiten zu legen sei.

Ich werde zu diesen zu prüfenden Annahmen in folgender Abfolge argumentieren.

- Dass die Kommune tatsächlich der "geborene Sitz" lebenslagenbezogener familialer Zeitpolitik ist, wird unter V. 1. dargelegt. Bei dieser Argumentation treten drei Gesichtspunkte hervor: Inhalt und Gegenstand von Zeitpolitik, die rechtlichen Rahmenbedingungen kommunalen Handelns in Nordrhein-Westfalen und die bisherige Praxis lokaler Zeitpolitik –in die ich entsprechend dem Gutachtensauftrag Erfahrungen mit italienischer und französischer Zeitpolitik einstreue.
- In Kap. V. 2. wird der im Gutachtensauftrag benannte Gedanke der "Bündelung" zeitpolitischer familienbezogener Kompetenzen durchgespielt. Es wird sich zeigen, dass Vieles für eine solche Bündelung von zeitpolitischen Verantwortlichkeiten, Aufgaben und Ressourcen sowie für eine hochrangige ressortübergreifende und repräsentative Anbindung von auch familienbezogener Zeitpolitik innerhalb der Kommune spricht. Dezentralisierung von Verantwortung ist aber erforderlich, wo die mit Zeitpolitik verbundenen Dienstleistungen körpernah sind und die "Kopräsenz" und die Zusammenarbeit von Dienstleistungsgebern und -nehmern vor Ort verlangen. Um diese Differenzierung darzulegen, werden drei Ebene kommunaler Zeitpolitik unterschieden und mit Beispielen versehen.
  - Die dezentrale Ebene, auf der personenbezogene Dienstleistungen selbst erbracht werden, wird anhand von **"Familienzentren"** exemplifiziert.
  - Die zentrale kommunale Ebene, bei der eher Beratung, Organisation und Entscheidungen über solche Dienstleistungen stattfinden, wird anhand von **"Familienbüros"** und als "One-Stop-Agencies" organisierten **Bürgerämtern** diskutiert.

  - Davon abgehoben, dezentrale und zentrale Ebene verbindend, wird die auf kommunaler Ebene stattfindende ressortübergreifende Kommunalplanung diskutiert – sie wird am Beispiel der **"Jugendhilfeplanung"** abgehandelt.
  - Es folgt eine synthetisierende Überlegung dazu, wie Zeitpolitik in der Kommune verankert sein muss, um wirksam und verbindlich werden zu können. Dies wird exemplifiziert am Beispiel der Städte **Bozen** und **Aachen.**
  - Es wird sich zeigen, dass für jede dieser drei Ebenen eine "Bündelung" von Perspektiven und Akteurs-Verantwortung eine notwendige Erfolgsbedingung ist, dass diese Bündelung aber jeweils völlig unterschiedliche Formen und Methoden aufweist.
- In Kap. V. 3. wird dann entwickelt, dass lokale Zeitpolitik zu ihrem Gelingen – neben kommunaler Initiative und Verantwortung – überörtlicher anstoßender, unterstützender und evaluierender Maßnahmen auf anderen Ebenen (Land, Bund, Europa) bedarf. Das wird an der Mehrebenen-Praxis der **"lex Turco"** vom 8. März 2000, die in Italien die kommunale Zeitpolitik allgemein einführte, dargelegt.

Soweit sich die folgenden zeitpolitischen Überlegungen an Beispiele aus Nordrhein-Westfalen anlehnen, so geschieht dies immer in einer doppelten Perspektive. Einmal werden Beispiele aufgegriffen, in denen über lokale Familienpolitik hinausgehende Merkmale einer kommunalen Zeitpolitik im weiteren Sinne (wie sie oben umrissen wurde) angedeutet oder realisiert erscheinen. Zum Anderen werden diese Beispiele auf ihre Entwicklungsfähigkeit in Richtung auf Entfaltung kommunaler Zeitpolitik in Nordrhein-Westfalen interpretiert und insoweit – in diesem und dem nächsten Kapitel – mit gewissen Vorschlägen versehen.[27]

1. Kommune als Sitz von Zeitpolitik

Dieser Abschnitt wendet sich Gegenstand und Begründung (dem "Was?" und "Warum kommunal?") kommunaler Zeitpolitik in Nordrhein-Westfalen zu, während der nächste (V.2.) auf das "Wie?" zugeht. Dass auch in Nordrhein-Westfalen die Kommune der "geborene Sitz" lebenslagenbezogener familialer

---

27 Dass es sich bei diesen Vorschlägen - ähnlich wie bei den dieses Gutachten abschließenden Empfehlungen - um eine "zeitpolitische Sicht *von Außen*" handelt, die sich nicht eine genaue Kenntnis der Erfahrungen und Kultur der nordrhein-westfälischen Kommunalpolitik anmaßt, sei gleich vorab eingestanden.

Zeitpolitik ist, lässt sich aus drei Argumentationslinien herleiten: aus Gegenstand und Inhalt familienbezogener Zeitpolitik selbst (a); aus den rechtlichen Rahmenbedingungen kommunalen Handelns in Nordrhein-Westfalen (b); und aus der Gesamtsicht bisheriger zeitpolitischer Praxis (c).

a) Notwendigkeit kommunaler Zeitpolitik

Zeitmangel oder fehlende Zeitsouveränität werden im Alltagsleben erfahren. Entsprechend richten sich Bedürfnisse nach Abhilfe auch immer auf das sozialräumliche Umfeld. Der nordrhein-westfälische Familienbericht vom Oktober 2015 ist – auf Grundlage innovativer empirischer Erhebung – voller Beispiele, die sämtlich das lokale Umfeld der Bevölkerung des Bundeslandes thematisieren (MFKJKS 2015, Teil 2, S. 156-209). Auch der Achte Familienbericht der Bundesregierung– gleichfalls gestützt auf vorliegende Empirie und eingeholte Expertisen – konstatiert (BMFSFJ 2012, S. 6/7): "Zeitpolitik kommt zunehmend eine Querschnittsaufgabe zu, die sie teilweise komplementär zu anderen Politikbereichen werden lässt: Regionale Wirtschaftsförderungspolitik, Infrastrukturpolitik und Sozialpolitik nehmen auf die Zeitallokation in Familien direkt oder indirekt Einfluss, ohne dass jedoch die jeweils getroffenen Entscheidungen bisher in ihren Auswirkungen für Familien systematisch bedacht worden wären. Im Zentrum von Familienzeitpolitik steht die Frage, wie Familien durch die Gestaltung und Harmonisierung gesellschaftlicher Zeittaktgeber entlastet werden können. **Der lokalen Ebene kommt dabei eine besondere Bedeutung zu.**" (Hervorh. U.M.) Die Bundesregierung stimmte in ihrer Stellungnahme zu (ebda., S. XXVII): "Die Bundesregierung teilt die Auffassung der Sachverständigenkommission, dass **Familienzeitpolitik** in ganz erheblichem Maße **vor Ort in den Kommunen gestaltet werden muss**, denn viele Zeitkonflikte von Familien ergeben sich aus einer ungenügenden Synchronisation der verschiedenen lokalen Taktgeber, in die Familien und ihre Mitglieder in unterschiedlicher Weise eingebunden sind. " (Hervorh. U.M.)

Der nordrhein-westfälische Familienbericht hebt hierbei zutreffend auf "Lebenslagen" betroffener Kinder, Jugendlicher, Alleinerziehender, mehrfach belasteter Familien usw. ab (MFKJKS 2015, Teil 2, S. 216, 219), weil diese in der Kommune ihren "Ort" und ihr sozialräumliches Umfeld haben. Alle diese Erkenntnisse gehen weiter davon aus, dass dort, wo der Problemdruck empfunden wird, auch die Abhilfe erwartet wird. Wo Arbeitszeitlagen als unvereinbar wahrgenommen werden mit familiären Sorgetätigkeitszeiten, wo Öffnungszeiten von Kitas, Schulen, Behörden, Dienstleistern, Sporteinrichtungen nicht in den Alltag von erziehenden Männern und Frauen passen, wo die Zeiten des öffentlichen Personennahverkehrs nicht passgenau für das alltägliche Beziehungsdreieck von Zeiten (Erwerbsarbeit, Familienarbeit, Freizeitaktivitäten von

Eltern wie Kindern) sind (sämtliche Zeitklemmen stammen aus dem Familienbericht Nordrhein-Westfalen und dem Achten Familienbericht) – da stellen die Betroffenen (als "Zeitnehmer") die verantwortlichen "Zeitgeber" zur Rede. All das findet "vor Ort" statt. Wir werden zwar später sehen (unter V. 3.), dass die "Stellschrauben" für Zeitkonflikte, die vor Ort erlebt werden, oft nicht (mehr) lokale Akteure sind. Aber zunächst einmal ist plausibel, dass Zeitkonflikte dort, wo sie auftreten, artikuliert und zu lösen versucht werden. Deshalb ist die Kommune der sachangemessene Ort, an dem Zeitpolitik ansetzt.

b) Kommune als Träger von Zeitpolitik

Man könnte einwenden, dass Zeitkonflikte oft schon auf tieferer Ebene als der Kommune – im Quartier oder Stadtteil – auftreten und dann eben auch dort zeitpolitisch anzugehen sind. Hier kommt allerdings die rechtliche Verfassung der Kommune zum Tragen. Die Gemeinde stellt nach dem Grundgesetz (Art. 28 Abs. 2 S. 1), der Verfassung für das Land Nordrhein-Westfalen (Art. 78 Abs. 1 und 2) wie auch nach der Gemeinde- (GO) und der Kreisordnung (KrO) für das Land Nordrhein-Westfalen die einzige legitimierte politische Einheit dar, um örtliche Probleme aufzugreifen und zu behandeln. Sie verfügt (wie in 1. hervorgehoben) kraft der Garantie kommunaler Selbstverwaltung über eine Universalität des gemeindlichen Wirkungskreises. Die Gemeinden sind die Grundlage des demokratischen Staatsaufbaus (§ 1 Abs. 1 S. 1 GO). Die Bürgerschaft wählt den Rat (§ 42 GO) und den Bürgermeister (§ 65 GO) und wird durch sie vertreten (§ 40 Abs. 2 S. 1 GO). Da der Rat "für alle Angelegenheiten der Gemeindeverwaltung zuständig" ist (§ 41 Abs. 1 S. 1 GO) und die Gemeinden dabei "das Wohl der Einwohner in freier Selbstverwaltung (fördern)" (§ 1 Abs. 1 S. 2 GO), bestehen ihr Mandat und ihre Zuständigkeit auch in Fragen lokaler Zeitpolitik. Vergleichbare durch Wahlakte legitimierte rechtliche Mandate und Zuständigkeiten existieren auf der Ebene "unterhalb der Kommune" nicht oder allenfalls in abgeleiteter Form. Daher kann nur die Kommune selbst Adressat wie Urheber lokaler zeitpolitischer Maximen sein.

c) Praxis kommunaler Zeitpolitik – besonders in Italien und Frankreich

Es nimmt denn auch nicht wunder, dass in der Praxis die Zeitpolitik, ob familienorientiert oder allgemein lebensqualitätsorientiert, überall wo sie unternommen wurde, durchweg von Kommunen unternommen wurde. Dies war in Deutschland oder anderen europäischen Ländern – v.A. Italien und Frankreich – der Fall. Zuweilen traten zu Kommunen, dort wo die Leistungskraft der einzelnen Kommune überstiegen wurde, Gemeindeverbünde hinzu. In Frankreich spielten neben Kommunen die Départements eine Rolle. Das ändert nichts daran, dass die Kommunen – und die dortigen Akteure aus Politik, Verwaltung, Wirtschaft und Zivilgesellschaft –, wo immer mit Zeitpolitik experimentiert wurde, die Hauptrolle spielten.

Als die Haupttätigkeitsfelder auf dem Gebiet der kommunalen Zeitpolitik haben sich in den letzten 25 Jahren in europäischen Ländern herausgebildet: Abstimmung von Kinderbetreuungs- und Schulzeiten mit Verkehrszeiten und Erwerbstätigkeitszeiten; nutzergerechte Öffnungszeiten von Läden und Dienstleistungen; Zugänglichkeit und Zeiteffizienz von öffentlichen Dienstleistungen; Dienstleistungen für zeitweilige Stadtnutzer (Touristen, Geschäftsleute); nachfragegerechte und nachhaltige Mobilitätsplanung; Stadtplanung und -erneuerung unter Nutzerbeteiligung im Hinblick auf deren Alltagsbedürfnisse und auf eine, auch mit kulturellen Formen bewirkte, Stadtbelebung.[28] [29] Diese zeitpolitischen Tätigkeitsfelder sind nicht aus familienpolitischer Richtung formuliert. Aber sie decken sich durchweg mit familiären Anliegen nach einer "lebenswer-

---

28 Für Italien hat Mareggi (2013) das Spektrum so umrissen: "Synchronization/de-synchronization of school timetables (extra school activities, harmonization of school calendars, family care during holidays); coordination of the shops' opening hours (night/Sundays opening with festivals in the public space, changes in the opening hours); cooperation with the Zone Social Plans and with the urban tools for the definition of the services' system; telecommuting; urban renewal also through participation planning with the inhabitants of the areas; harmonization of the events' calendar; coordination of the services destined to tourists and visitors (environmental-friendly means of transport for tourists, tourist services); sustainable mobility for the reduction of pollution provoked by means of transport (collective cabs, environmental-friendly shuttle buses, on-demand transportation, pedibus and bicibus, night transportation to discos, bike sharing, house-school transportation); accessibility and hours' usability of the services mainly of the public offices (changes in the opening hours, night opening, helpdesks in the commercial centers, temporary helpdesks, "one-stop services", "Citizen's Day") also on-line (certificates' service, booking and payment)."

29 Für Frankreich – und darüber hinausgehend – kommt Boulin (2015, S. 446-7) auf sechs große Bereiche:
Kleinkindbetreuung: firmenübergreifende Kitas (Großraum Lyon, Dünkirchen u.a..); Kinderbetreuung zuhause zu flexiblen Zeiten rund um die Uhr (Poitiers, Rennes, Paris usw.); Kinderbetreuungseinrichtungen mit erweiterten Öffnungszeiten (St. Denis, Berlin); Kitas mit vielfältigen Angeboten (Dordrecht) und Vensterscholen (Groningen …).
Öffnungszeiten öffentlicher und privater Dienstleistungen und ihre Koordinierung: Ausweitung, zeiträumliche Koordinierung: Änderung der Öffnungszeiten von Jugendeinrichtungen (Paris), Öffnung von Bibliotheken/Mediatheken am Sonntag (Paris, Montpellier, Rennes, Niederlande), Ausweitung der Zugänglichkeit von Schwimmbädern und anderen Sportstätten (Paris, Montpellier usw.) oder des Standesamtes und anderer Verwaltungsstellen(Rom, Bremen); neue Dienstleistungen : Einheitsschalter für den ersten Schultag (Poitiers, Brive), Behördenhäuser und Informationsstellen mit vielfältigen Angeboten(Paris, Rennes, Vegesack), Dienststellen für Beschäftigte (Großraum Lyon, Poitiers usw.); neue Kulturangebote(Rennes, Poitiers, Brive usw.), Zeitbanken(Italien und Barcelona).

ten Stadt" und der Steigerung der auch zeitlichen Lebensqualität. Interessanterweise tritt zunehmend auch in Italien und Frankreich bei der Begründung der zeitpolitischen Handlungsfelder die Komponente der "Vereinbarkeit" in den Vordergrund, während früher die urbanistische Komponente die Hauptrolle spielte.

Zwei Formen der Institutionalisierung lokaler Zeitpolitik haben sich in Italien und Frankreich, in Deutschland erst punktuell, herausgebildet und verbreitet: sog. "Zeitbüros" (in Italien *"uffizio tempo"*, in Frankreich *"agence du temps"* genannt) und (bislang nur in Italien) sog. "Zeitleitpläne" *("piano dei tempi e degli orari della città"* – oft auch kurz: *"piano degli orari")*.

– **Zeitbüros** sind in der Kommunalverwaltungangesiedelte zeitpolitische Anlauf- und Koordinationsstellen. Sie sind der Ausgangspunkt konkreter zeitpolitischer Moderations- und Gestaltungsprozesse vor Ort. Ziel ihrer Arbeit ist es, in Kooperation mit den alltagsrelevanten Taktgebern die zeitliche Alltagsqualität vor Ort zu verbessern, indem sie neue, bedarfsgerechte Zeitarrangements anstoßen. Die ersten Zeitbüros haben sich im Italien der späten 80er Jahre des vergangenen Jahrhunderts im Kontext des zeitpolitischen Gestaltungsansatzes "tempi della città" ("Zeiten der Stadt") ent-

---

Flexibilisierung der Arbeitszeit zwecks Verbesserung der Arbeitsbedingungen und der Vereinbarkeit von Berufs- und Privatleben: Arbeitszeiten des Reinigungspersonals (Rennes, Paris, Nantes), Arbeitszeitoptionen (Bristol, Niederlande).

Umgestaltung der Mobilitätsflächen, Recht auf Mobilität, Mobilitätspakte zwecks Förderung von Alternativen zum Auto bzw. Einrichtung von Mobilitätsangeboten sowie Schaffung einer angemessenen Zugänglichkeit zu Aktivitäten aller Art und zur städtischen Raumpolitik im Hinblick auf eine nachhaltige Entwicklung: Mobilitätspakt (Modena, Bozen); nächtliche Mobilität (Belfort, Paris, Lyon); Plan für den Transport zwischen Unternehmen (Großraum Lyon); gesicherte Schulwege (Cremona, Großraum Lyon); Mobilitätsplattform für Personen in der Eingliederungsphase (Poitiers); Förderung der Nutzung von Informations- und Kommunikationstechnologien in Verkehrsmitteln und Verbesserung des Komforts dieser Verkehrsmittel (Poitiers, Großraum Lyon, Montpellier usw.); Flexibilisierung der Hochschulstundenpläne (Poitiers, Montpellier, Rennes).

Nächtliches Angebot: Nacht der vier Donnerstage (Rennes); Freitagnächte (St. Denis); Aktivitäten und Mobilität während der Nacht, Nachttickets, (Großraum Lyon, Dijon); Nachtleben-Chartas (Paris); Nachtbürgermeister (Amsterdam, Rotterdam…).

Regenerierung/Requalifizierung/Revitalisierung der Stadt. Ausarbeitung einer zeitpolitischen Urbanistik, die Zeit und Raum in die Pläne zur Stadtentwicklung und zur Multifunktionalität von Orten einbezieht: Frankreich: St. Denis, Lyon, Poitiers, Rennes, Dijon, Italien: Bergamo, Cremona, Bozen usw. Deutschland: Hamburg, Bremen, Wolfsburg, Erfurt, Niederlande: Vensterscholen, die zunächst in Groningen entstanden (auch Hamburg), aber auch Smartwork Centers, nach deren Vorbild in Frankreich "Third Places" (also öffentliche Räume jenseits von Heim und Arbeitsplatz) geschaffen wurden (Ile de France, Großraum Lyon, Cantal).

wickelt. Sie kennzeichnen dort die mittlerweile typische Institutionalisierungsform des neuen Handlungsfeldes auf kommunaler Ebene.
Die Arbeitsweise und die thematischen Arbeitsschwerpunkte von Zeitbüros variieren und richten sich stark nach den lokalen Rahmenbedingungen. Zu den Aufgaben eines Zeitbüros gehört es:

- mittels Recherchen und Befragungen sowohl auf der Seite der örtlichen Zeitangebotewie auch der Zeitnachfrage (lebensweltliche Bedarfe) einschlägige Problemlagen und lokale Zeitkonflikte ausfindig zu machen;
- Akteure aus den Bereichen Politik/Verwaltung, Wirtschaft und Zivilgesellschaft für zeitbezogene Fragestellungen zu sensibilisieren und zu vernetzen;
- neue Formen der Kommunikation und Zusammenarbeit zwischen "Taktgebern und -nehmern" herzustellen und zu moderieren;
- Bürgerbeteiligungsprozesse anzuregen und
- praktische Gestaltungsmaßnahmen anzustoßen und ihre Umsetzung zu begleiten.[30] [31]

- **Zeitleitpläne** sind auf urbanistischer Analyse und Beteiligung der interessierten Bevölkerungskreise beruhenden örtliche Planunterlagen, die für die bauliche und sozial gestalterische Politik in der Stadt verbindlich gemacht werden. Sie können sich in sog. "lokalen Zeitpakten" niederschlagen und konkretisieren. In diesen werden für den Alltag erhebliche Gegenstandsbereiche (z.B. die Mobilität und der ÖPNV, die Öffnungszeiten von Dienstleistern und Läden, Schul- und Universitätsanfangszeiten und ihre Synchronisierung mit privatem und öffentlichem Verkehr im jeweiligen Gemeinwesen) unter Beteiligung aller seiner Zeitgeber und Zeitnehmer geregelt. Die italienischen "Mobilitätspakte" brachten unter Beteiligung der Stadtverwaltung, Wirtschaft, Gewerkschaften und Nutzerinnen durchweg für alle Beteiligte förderliche oder zumindest tragbare Regelungen hervor. Seit 8. März 2000 ist in Italien die Aufstellung von Zeitleitplänen für alle Kommunen mit mehr als 30.000 Einwohner verbindlich, kleinere Kommunen können ihn gemeinsam erstellen und durchführen.

Unterstützt durch Zeitbüros, Zeitleitpläne und/oder örtliche Zeitpakte haben mittlerweile hunderte von italienischen Kommunen Zeitpolitik in ihr kommunales Politik- und Maßnahmegeschehen integriert.[32] Die Verbreitung kommu-

---

30 S. Deutsche Gesellschaft für Zeitpolitik (Hg.), Zeitpolitisches Glossar, Stichwort "Zeitbüro" (verfasst von Martina Heitkötter), download unter www.zeitpolitik.de (abgerufen 23.4.2016).

31 Zum ersten deutschen Zeitbüro s. Mückenberger 2004 und Heitkötter 2006.

32 Für Italien schreibt Mareggi: "In 2000, it was affirmed that 170 municipalities had been involved in time-oriented projects, in timetable plans, or in studies concerning urban social time.

naler Zeitpolitik in Italien wird anhand von Abbildungen sichtbar (beide aus Mareggi 2013; 2016). Abbildung 1 zeigt, dass die Regionen für die Verbreitung von kommunaler Zeitpolitik ein große Rolle spielen. Abbildung 2 wählt mit der Lombardei (Hauptstadt Mailand) eine Großregion aus. Die Regionalgliederung Italiens ist mit deutschem Föderalismus nicht direkt zu vergleichen – jedoch haben die Regionen in Italien zunehmende Eigenständigkeit (z.B. eigenes Gesetzgebungsrecht) erlangt. Auch die Lombardei (mit nur knapp 10 Millionen Einwohnern) ist nicht mit dem Bundesland Nordrhein-Westfalen zu vergleichen. Jedoch steht sie innerhalb der italienischen Regionen diesem Bundesland wohl am nächsten. Deshalb wird auf den Fall Lombardei in Kapitel V. 3. zurückzukommen sein.

Abb. 1: Italian Regions that have regulations and bills about time policies. Some regions present different normative tools indicated with overlapped symbols.[33]

After the implementation of the national law, the dissemination of these projects started to be more connected to the role played by the regions and the municipalities. At the moment, hundreds of municipalities, few metropolitan cities and networks of municipalities of small and medium towns are involved to promote these kinds of policies." (Mareggi 2013, S. 701).

33 Die beiden Gesetze, auf die die Abb. Bezug nimmt (1990, 2000), werden in V.3. erläutert.

Abb.2: Municipalities of Lombardy Region that have approved the Territorial Timetable Plan of the City[34] [35]

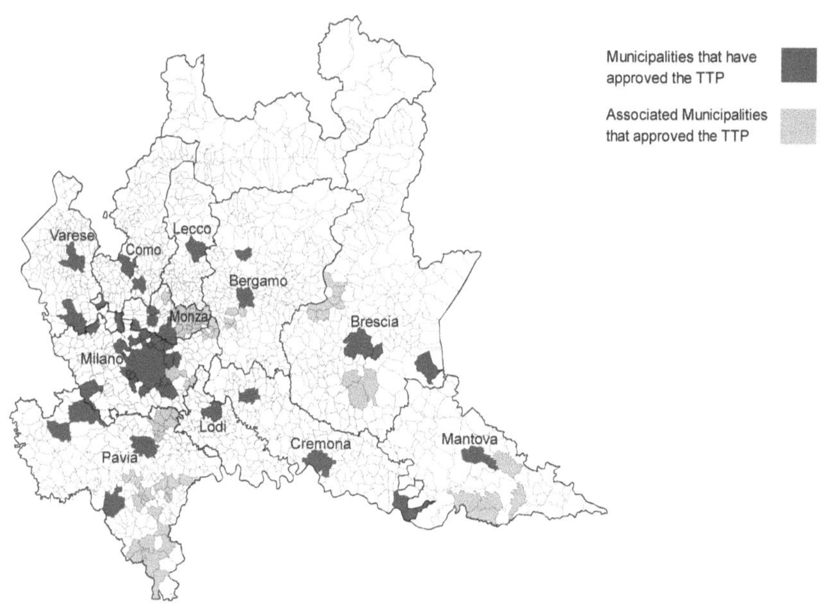

34 Time Table Plans of the City sind kommunale Zeitleitpläne.

35 Associated Municipalities sind Verbünde kleinerer Gemeinden, die gemeinsam einen Zeitleitplan angenommen haben.

Einen Eindruck über die Verbreitung kommunaler Zeitpolitik in Frankreich bietet Abb.3 (aus: Tempo territorial 2013).

Abb. 3: Territorien, die in Zeitpolitik tätig sind

Les territoires engagés dans les politiques temporelles

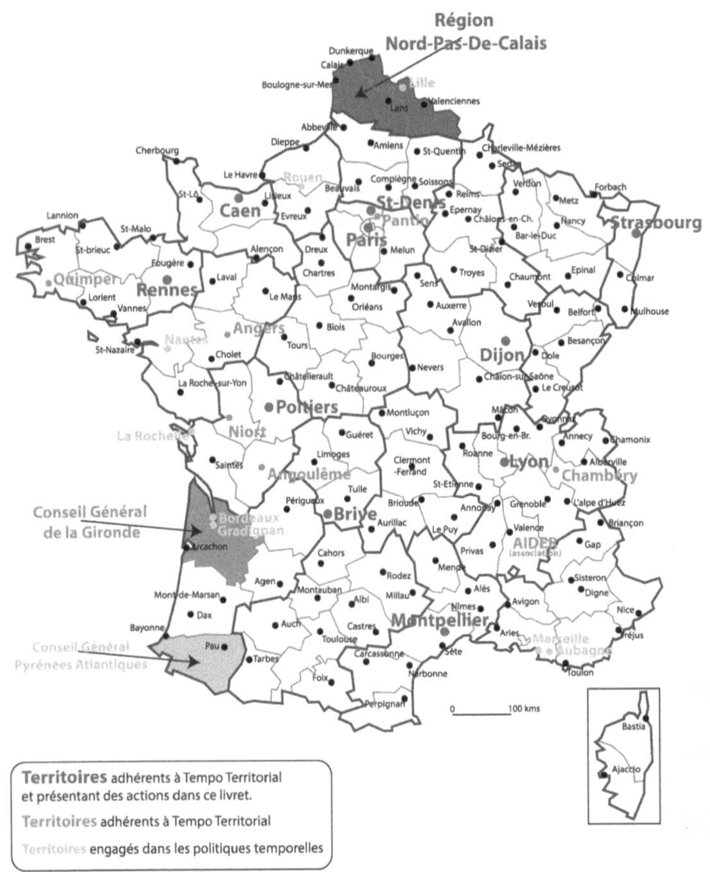

Quelle: Tempo Territorial 2013, S. 3.

Abbildung 3 ist weniger systematisch als diejenige Italiens. Sie zeigt aber, dass in Frankreich etwa dreißig Städte und Territorien lokale Zeitpolitiken unternommen haben – darüber Monopolen wie Paris oder Lyon, aber auch Territorien mit teilweise ländlicher Struktur wie Nord-Pas-de-Calais, die Gironde und die atlantischen Pyrenäen.

Ungeachtet der Ungleichgewichte der Verbreitung sowie der schwierigen Vergleichbarkeit geographischer Räume gibt es doch ein klares Resultat dieses Überblicks. Wo immer Zeitpolitik in den westeuropäischen Ländern unternommen wurde, waren die Kommunen ihr Sitz und Träger. Natürlich waren sie zuweilen eingebettet in Verbünde oder weitere Territorien, in Italien auch in den größeren Rahmen der Region. Aber es waren die Kommunen, die Zeitpolitik initiierten und verantworteten.

Somit kann die erste Annahme, dass die Kommune der sachangemessene "Ort" von auch familienbezogener Zeitpolitik ist, ohne Einschränkung aufrechterhalten werden.

2. Bündelung/örtliche Zeitpolitik "aus einer Hand"

Für die Frage der sachangemessenen und effektiven Organisationsform lokaler Zeitpolitik "vor Ort" (dem "Wie?", nachdem zuvor das "Was?" und "Warum kommunal?" kommunaler Zeitpolitik abgehandelt wurde) resultiert aus Kapitel V. 1. eine vielleicht trivial erscheinende Folgerung. Für sachangemessene und effektive Durchführung von Zeitpolitik in Nordrhein-Westfalen kann niemand Anderes als die Kommune mit ihrer Bürgerschaft und ihren verantwortlichen gewählten Instanzen Rat und Bürgermeister Zuständigkeit und Mandat besitzen (§ 40 Abs. 1 und Abs. 2 S. 1 GO). Die Verantwortung der Kommune besteht ohnehin, wenn lokale Zeitpolitik den Kreis von auf Bundes- oder Landesrecht beruhenden gemeindlichen Pflichtaufgaben (dazu Bösche 2013, S. 21 ff.; Hofmann et al. 2004; S. 240-52) berührt (z.B. Bauleitplanung, Schulentwicklungsplanung, Anlage/Unterhalt von Kindergärten und Horten, Schulträgerschaft usw.).

Zuständigkeit und Mandat der Kommune mit gewählten Instanzen Rat und Bürgermeister bestehen unabhängig davon, ob zeitpolitische Maßnahmen und Entscheidungen auf amtlicher Ebene der Kommune selbst wahrgenommen oder ob sie in Bezirke (§§ 35-38 GO), Stadtteile, Ortschaften (§ 39 GO) oder Nachbarschaften dezentralisiert,[36] ob sie nicht-staatlichen Trägern überantwortet

36 Die Sonderrolle von Bezirksvertretungen in kreisfreien Städten (§§ 35-38 GO) und von Ortsvorstehern in kreisangehörigen Gemeinden (§ 39 GO) ändert an der Letztverantwortung der Kommune nichts. Gewiss sind Bezirksvertretungen gleichfalls ein gewähltes Gremium (§ 36

oder ob sie auf Kreis- oder Gemeindeverbände verlagert oder in kommunaler Gemeinschaftsarbeit verrichtet werden (s. KrO, Gesetz über kommunale Gemeinschaftsarbeit GkG). Die Letztverantwortung und "Garantenpflicht" für sie verbleibt bei der Kommune mit Bürgerschaft, vertreten durch Rat und Bürgermeister.

Dies ergibt sich nicht erst aus der Kommunalverfassung Nordrhein-Westfalens, sondern entspricht bei einem Politikfeld wie lokaler Zeitpolitik der Sache selbst. Wie alle aufgeführten Beispiele aus dem In- und Ausland gezeigt haben, verlangt Zeitpolitik sowohl in der Entscheidungsfindung als auch in den Grundzügen ihrer Umsetzung einer "übergreifenden" Perspektive. Übergreifend meint dabei Dreierlei.

- Zeitpolitik muss die Kommune als ganzes Gemeinwesen – nicht nur Stadtteile oder Bezirke – umfassen.
- Sie kann sich nicht auf die kommunale Verwaltung beschränken, sondern muss öffentliche und private Akteure (die in der kommunalen Familienpolitik eine große Rolle spielen – s. nur Familienbericht MFKJKS 2015, S. 152 ff.) vereinen.
- Sie darf nicht der Eigenlogik von Ressorts – etwa des Sozial- oder des Baressorts der Kommune – allein folgen, sondern muss inhaltlich ressortübergreifend angelegt und ausgerichtet sein.

Für diese übergreifende Perspektive von lokaler (auch familienbezogener) Zeitpolitik spricht die hohe Ausdifferenzierung und Spezialisierung des Dienstleistungsangebots in unseren heutigen Kommunen. Überall in der Kommune trifft die lebenslagenorientierte Zeitpolitik auf öffentliche und private Akteure, die Lebenslagen von Nutzer/innen ihrer jeweiligen Dienstleistungen unter einem spezifischen Blickwinkel (einer "Binnenlogik", einem Sonderinteresse) betrachten und behandeln und dadurch – obwohl besten Willens – aneinander vorbei agieren. Die öffentlichen und privaten Dienstleistungs-Akteure verteidigen nämlich aus nachvollziehbaren – oft auch aus rechtlichen (besonders im Falle von kommunalen Pflichtaufgaben) und/oder haushaltstechnischen – Gründen

---

Abs. 1 S. 2 GO) und stehen (dem Aufgabenkatalog von § 37 Abs. 1 S. 1 nach) den alltagsbezogenen zeitpolitischen Gegenstandsbereichen nahe. Aber da sie "im Rahmen der von Rat erlassenen allgemeinen Richtlinien" und nur in "Angelegenheiten (entscheiden), deren Bedeutung nicht wesentlich über den Stadtbezirk hinausgeht", da schließlich ihre Aktivität unter dem vom Rat nicht übertragbaren Ressourcenvorbehalt steht (§ 41 Abs. 1 Vorspannsatz und Buchstaben h-j GO), kommt ihnen im Rahmen kommunaler Zeitpolitik ein wohl eher ausführendes als grundsätzliches Entscheidungsermessen zu. Zudem kommt bei Meinungsverschiedenheit dem Rat oder dem Hauptausschuß die Entscheiderrolle zu (§ 37 Abs. 2 und 6 GO). Nichtsdestoweniger können Bezirksvertretungen und Ortsvorsteher im Rahmen kommunaler Zeitpolitik einen bedeutsamen Platz haben.

"ihr Terrain" gegen Eingriffe anderer Akteure. In dieser Konstellation (die auch mit Macht zu tun hat) verlangt die zeitpolitische "Lebenslagenorientierung" einen aus der Gesamtschau gewonnenen politischen Zugriff. Dabei hat nur die höchste örtliche Autorität (die gewählte Instanz des örtlichen Wahlvolks) Aussicht, dem (ressort- und akteurs-) übergreifenden zeitpolitischen Anliegen Durchschlagskraft zu verschaffen.

Damit ist allerdings noch keine Aussage darüber gemacht, inwieweit sie diese kommunale Verantwortlichkeit zentral oder dezentral, öffentlich oder privat, in ressortbezogener oder ressortübergreifender Form wahrnimmt. Die im Gutachtensauftrag gestellte Frage nach der "Bündelung" von familienorientierten zeitpolitischen Maßnahmen muss m.E. der Tatsache Rechnung tragen, ob die Maßnahmen in der dezentralen Erbringung personenbezogener Dienstleistungen selbst besteht (a), ob sie in Beratung oder Entscheidungen über zu erbringende Leistungen allgemein wie im Einzelfall auf kommunaler Ebene besteht (b) oder ob sie in der Planung und Qualitätssicherung über das Angebot solcher Dienstleistungen besteht (c).

a) Die dezentrale Ebene in der Kommune

Gerade weil zeitpolitisch bedeutsame personenbezogene Dienstleistungen (wie Hilfe, Betreuung, Sorgetätigkeit) mit Lebenslagen zu tun haben und oft "körpernah" sind, sind sie nicht beliebig amtlich zu zentralisieren. Sie verlangen die – oft die Dienstleistungsnehmer am Ort "aufsuchende" – "Kopräsenz" und Zusammenarbeit von Dienstleistungsgebern und -nehmern. In der neueren Dienstleistungstheorie wird bei personenbezogenen Dienstleistungen vom sog. "*uno actu*-Prinzip" gesprochen: Diese Dienstleistungen werden zur selben Zeit und am selben Ort erbracht, wo sie auch konsumiert werden; sie setzen damit Anwesenheit und Mitwirkung von Dienstleistungsnehmern und -gebern zur selben Zeit am selben Ort voraus (dazu i.E. Mückenberger 2012, S. 43 ff. und 46 ff.). Diese Eigenart zeitpolitisch bedeutsamer Dienstleistungen verlangt ihre Präsenz direkt "vor Ort" (z.B. in Stadtteilen, Quartieren, Nachbarschaften).

Dies setzt zwar der Zentralisierung solcher Dienstleistungen Grenzen, schließt aber eine "Bündelung" keineswegs aus. Die zeitpolitische Orientierung an Lebenslagen und damit verbundenen Sozialräumen erfordert sogar besondere Strategien der Kooperation und Vernetzung "vor Ort". Um das wenigen Beispielen zu erläutern:

– Nimmt man die Lebenslage von Grundschulkindern, deren Unterricht zuweilen ausfällt, zum Ausgangspunkt, so gelangt man zwangsläufig zur Notwendigkeit einer ressortübergreifenden Kooperation von Schule und Kinderbetreuung. Bildung und Betreuung, obwohl von verschiedenen Trägern erbracht, fließen sozusagen in der Lebenslage des Kindes zusammen und verlangen nach ganzheitlicher Behandlung. In der Frühphase kommunaler Zeitpolitik war diese Kooperation von Schule und Hort noch eine Forderung (s. Mückenberger 1998, S. 214/5) – sie hat sich jetzt im Halbtags- und Ganztagsschulwesen und im Kita-Bereich etabliert (vgl. Ministerium für Schule und Weiterbildung 2015 unter 1.3 und Bildungsvereinbarung 2015a).

- Nimmt man die Lebenslage Jugendlicher in prekären Quartieren zum Ausgangspunkt, so ergibt sich wiederum die Kooperation in Präventionsnetzwerken (z.B. Schulen, Betreuungsinstitutionen, Polizei und Gemeinden), in Lernnetzwerken ("Kooperation verschiedener fachspezifischer Bereiche", s. Familienbericht Nordrhein-Westfalen S. 146-49, Familienzentren) oder Gesundheitsnetzwerken (so z.T. die niederländischen "Vensterschoolen", Baumheier et al. 2013, oder die nordischen "family centres", Kekkonen 2012).
- Will man zeitpolitische Brücken zwischen jüngeren und älteren Menschen bauen – etwa um die verfügbare Zeit rüstiger Älterer in Schule oder Quartier zu nutzen oder umgekehrt die verfügbare Zeit junger Menschen zur aufsuchender Geselligkeit für Ältere nutzen –, so ist wiederum eine Kooperation zwischen Altenhilfe, Bildung, Kinder- und Jugendhilfe und ehrenamtlichen Verbänden erforderlich.
- Ein letztes Beispiel ging kürzlich durch die Medien.[37] Nimmt man die Lebenslage von Schülern zum Ausgangspunkt, so legt die Chronobiologie nahe, den Unterrichtsbeginn morgens um eine Stunde aufzuschieben. Dieser Schritt ist angesiedelt im Bereich Bildung und bedarf schon dort der Abstimmung mit Eltern, Kindern und Lehrern. Aber er gelingt nur, wenn er darüber hinaus mit Trägern von Betreuung, ÖPNV-Betreibern, ggf. auch Vereinen der Nachmittagsaktivität (Sportvereine, Musikschulen) usw. koordiniert ist. Auch hier entspricht der zeitpolitischen Maßnahme eine Vernetzung privater und öffentlicher Akteure über Zuständigkeiten und Ressortgrenzen hinweg.

Die Beispiele ließen sich beliebig vermehren. Gemeinsam ist ihnen

- der zeitpolitisch motivierte Ausgangspunkt bei menschlichen Lebenslagen, die zu bewältigen sind,

37 S. Langbein, Kurt/Wolner Stefan, Künstliche Zeit und innere Uhr – wie unser Leben aus dem Takt gerät, Film 3sat am 6. April 2016, 21 Uhr; dort wurde u.a. die chronobiologische Veränderung der Unterrichtszeiten einer Klagenfurter Waldorfschule analysiert: http://www.waldorfschule-klagenfurt.at/organisatorisches/unterrichtszeiten (Abruf 7.4.16).

- die Identifikation der Akteure, die sich mit ihren je besonderen Dienstleistungsangeboten auf diese Lebenslagen einstellen und
- die "Bündelung" dieser je besonderen Angebote zu einem der Lebenslage entsprechenden sinnvollen Ganzen.

"Bündelung" führt in diesem Zusammenhang nicht etwa zu einer Dienstleistung "aus einer Hand", denn die beteiligten Dienstleister verrichten ja weiterhin jeweils ihre besondere Dienstleistung. Bündelung heißt hier die Koordination der je besonderen Dienstleistung zu einem – durch die zu bewältigende Lebenslage bestimmten – sinnvollen Ganzen.

Diese Koordination hat nicht zu unterschätzende Voraussetzungen. Sie erfordert nämlich wechselseitige Kenntnis und wechselseitiges Verständnis[38] sowie die auf Erreichung des gemeinsamen Ziels gerichtete Kommunikation der Dienstleistungserbringer untereinander sowie zwischen ihnen und den Dienstleistungsnehmern.

Aller Erfahrung nach kommt eine solche lebenslagenentsprechende dezentrale Bündelung (oder Vernetzung) von Dienstleistungsangeboten nicht von selbst, sozusagen "spontan", zustande. Sie stößt sogar oft auf Widerstände, die mal auf Unkenntnis, mal auf als unvereinbar erscheinenden Interessen der beteiligten Dienstleistungsanbieter beruhen. Diese Beobachtung ist der Ausgangspunkt zeitpolitischer Institutionen – wie etwa von Zeitbüros. Zeitbüros haben i. w. die Aufgabe, die drei an obigen Beispielen festgestellten Funktionen anzustoßen. Sie beteiligen erstens sich am Auffinden der zeitpolitisch zu bewältigenden Lebenslagen. Sie identifizieren zweitens die darin involvierten Dienstleistungs-Akteure. Und sie nehmen drittens an der sinnvollen Bündelung von deren Aktivität zur Bewältigung der Lebenslagen teil.

Beispiel 1 *Familienzentren*

Der Familienbericht (MFKJKS 2015, S. 148) verzeichnet, dass seit dem Kindergartenjahr 2006/7 Kindertageseinrichtungen zu Familienzentren ausgebaut wurden, und darüber hinaus alle 186 Jugendämter Familienzentren eingerichtet haben. Anstoß gab die Verordnung zur Durchführung des Kinderbildungsgesetzes (DVO KiBiz v. 18. Dezember 2007 i.d.F. v. 10. Dezember 2014, GV.NRW. S. 893), die auch die Leistungs- und Strukturkriterien für den Zertifizierungsprozess vorgibt (§ 11 Abs. 3 und 4). Engelbert u.a. (2016: S. 12 Fn. 3) definieren Familienzentren wie folgt: "Bei den Familienzentren des „Landesprogramms NRW" handelt es sich um eine Weiterentwicklung der Kitas zu Modellen frühkindlicher Förderung und Unterstützung der Familie als Ganzes. Sie unterstützen Bildung, Betreuung und Beratung dadurch, dass sie die Kernaufgaben der Kita mit niedrigschwelligen, sozialraumbezogenen, familienpolitischen Dienstleistungen verbinden. Sie bieten dabei nicht nur Kindern

38 Im wissenschaftlichen Diskurs wird hier von "Reziprozität" gesprochen: vgl. Mückenberger 2012, S. 55-63 mit weiteren Nachweisen.

Betreuung und Bildung, sondern unterstützen auch Eltern in Alltags-, Erziehungs- und Bildungsfragen. Familienzentren sollen im weiteren Ausbau dort entstehen, wo ein besonderer Unterstützungsbedarf für Kinder und Eltern besteht. Mit diesem Politikwechsel soll auf der Basis einer flächendeckenden Versorgung der Fokus auf Standorte gelegt werden, die ein höheres Bildungs- und Armutsrisiko tragen." Die Anzahl der Einrichtungen, die als Familienzentren arbeiten, scheint sich kontinuierlich auszuweiten (MFSKJS 2015, S. 148, Abb. 147). Und die Praxisbeispiele, die der Leitfaden "Neue Wege – Familienzentren in Nordrhein-Westfalen" (MFSKJS 2016) ausweist, sind eindrucksvoll.

Das zeitpolitisch Interessante an Familienzentren ist das schon in § 11 Abs. 4 Nr. 1 DVO KiBiz aufgeführte Strukturkriterium der Sozialraumorientierung. Dieses stellt sozusagen das notwendige Bindeglied zur Lebenslagenorientierung innerhalb der zeitpolitischen Strategie dar. Nicht zufällig öffnet sich hier das Familienzentren-Konzept zum Umfeld der Familie – zur räumlichen Gestalt der Stadt, um deren lebenslagenorientierte Gestaltung es der lokalen Zeitpolitik geht. Laut Leitfaden (MFSKJS 2016, S. 33 ff., daraus die folgenden Wortzitate) soll im Rahmen der Sozialraumorientierung beachtet werden: "Wo stehen Hochhäuser, Reihenhäuser, Einfamilienhäuser? Sind sie alt, neu, gepflegt, verwohnt? Wo sind Durchgangsstraßen, Nebenstraßen, verkehrsberuhigte Bereiche? Wo bestimmen parkende Autos die Straßen? Gibt es Gärten, Grünanlagen? Gibt es Gehwege, Radwege, besondere Gefahrenstellen? Wie ist der öffentliche Nahverkehr? Wo sind Geschäfte, Schulen, Ämter, Fabriken, Freizeiteinrichtungen, Spielplätze usw.? Darüber hinaus sollte die Einrichtung über Daten zur Bevölkerungsstruktur verfügen, die sie über das örtliche Jugendamt bzw. die Jugendhilfeplanung erhält."

Schließlich taucht bei den Familienzentren auch eine Bündelung von Leistungen auf, die auch eine Bündelung der örtlichen Kooperationen mit öffentlichen und privaten Trägern von Leistungen nach sich ziehen könnte. Der Leitfaden unterscheidet verschiedene Organisationsformen von Familienzentren – unter ihnen die Modelle „Unter einem Dach", „Lotse" und „Galerie". "Bei dem Modell unter einem Dach werden alle Hilfs- und Beratungsangebote für Familien unter dem Dach der Kindertageseinrichtung bereitgestellt. Dies ermöglicht ein ganzheitliches und verlässliches Konzept." "Bei diesem Angebotstyp werden alle gewünschten „Zusatzleistungen", die ein Familienzentrum ausmachen, von einem Träger, an einem Ort und unter einer umfassenden Leitung realisiert. Vorbilder sind hier die aus der Gemeinwesenarbeit entstandenen stadtteilbezogenen „Sozialzentren", die sich vor allem in sozial benachteiligten Regionen (Stadtteilen) finden. Hier bieten sie umfassende und niederschwellige Unterstützung für Familien in schwierigen Lebenssituationen an, die durch klassische Angebote und Dienste (Erziehungsberatung, Familienbildung) nur schwer oder kaum zu erreichen sind."

Klar ist einmal, dass auf dieser dezentralen Ebene in der Kommune eine doppelte Bündelung sich als hilfreich erweist: die Zusammenfassungen von familienbezogenen Dienstleistungen zu einem "ganzheitlichen und verlässlichen Konzept"; und damit die Vernetzung der öffentlichen und privaten Akteure, die diese Leistungen jeweils erbringen. Ob dies in der Praxis nordrhein-westfälischer Familienzentren tatsächlich geschieht, kann ich empirisch nicht überprüfen.

Von zeitpolitischem Interesse ist die Lebenslagen- und Sozialraumorientierung, die am Familienzentren-Konzept deutlich und praktisch werden. Denkbar ist, dieses Konzept zeitpolitisch weiterzuentwickeln. Dabei könnte erwogen werden, dieses Konzept auf den Bereich von Grundschulen zu erstrecken. Man könnte zum Sozialraum geöffnete Lernnetzwerke in Gestalt von "community knowledge centres" (s. das Hamburger zeitpolitische Hafen City-Realexperiment – Läpple et al 2010, S. 148 ff.) oder von "sozialräumlichen Bildungslandschaften" (so bezogen auf die Düsseldorfer Schulsozialarbeit Deinet/Nelke 2015) erproben. Man könnte die Verbindung von Präventionsnetzwerken (z.B. Schulen, Betreuungsinstitutionen, Polizei und Gemeinden) und Lernnetzwerken (so z.T. die niederländische "Vensterschoolen", Baumheier et al. 2013) zu stärken oder herbeizuführen versuchen. Inwieweit die skandinavischen Erfahrungen mit "Family Centres" als Gesundheitsnetzwerken[39] fruchtbar gemacht werden könnten, bedürfte eigener Recherchen (s. Kekkonen 2012). Gesundheit ist jedenfalls wie Bildung und soziale Kohäsion ein zentraler Bestandteil von Lebenslagen- und Sozialraumorientierung.

b) Die zentrale kommunale Ebene

Ganz anders ist die Konstellation auf der zentralen Ebene der Kommune. Dort kann es um Beratung über und Koordination von familienorientierten zeitpolitischen Maßnahmen, um Einzelfallentscheidungen über solche Maßnahmen und um Planungsprozesse über ihre Vorhaltung und Qualität gehen. Zeitpolitisch bedeutsam ist bereits, wenn Maßnahmen nicht in der Dienstleistung selbst, sondern in einer verbindlichen Entscheidung – etwa über zu erbringende Dienstleistungen (oder ihre Veränderung) – im Einzelfall bestehen. Wie etwa ein Kindertageseinrichtungsplatz oder ein Bildungsangebot erlangt wird, welche behördlichen Vorgänge im Falle eines innerstädtischen Umzugs oder eines Zuzuges zu erledigen sind, welche Rechte Elternteile im Falle einer Scheidung oder des "Verlassen-Werdens" durch den/die Partner/in haben, wie Beschäftigte zu

39 Vgl. Kekkonen et al. (2012), Introduction S. 9/10: "What is a family centre? A family centre is a service model which brings together the services that promote the well-being and health of children and families on the basis of a promotive and preventive approach. Sweden has been a pioneer in the development of family centres. The first family centres were set up in Sweden back in the 1970s, but the boom in such centres did not really occur until the early 21st century. In Finland and Norway, the development process for family centres began in the early 2000s, and Denmark, Iceland and the other Nordic countries also showed an interest in the initiative at the time. <...> The family centres offer a new way of supporting the everyday lives of families with children. Family centres provide services in a multi-professional, cross-sector way in collaboration with the third sector. <...> The Swedish National Institute of Public Health has defined the family centre as a complete range of services which are fully co-located, covering maternal healthcare, child healthcare, open early childhood education and care and the preventive work carried out by the social services."

einer familienfreundlicheren Arbeitszeitgestaltung kommen – das sind durchaus auch alltägliche Konstellationen, die Zeitnot verursachen können. Das zeitbezogene Problem ist in diesem Fall nicht der *Inhalt* des erstrebten Verwaltungsvorgangs, sondern dessen *Zeitlage* und *Dauer*. Je nach Lebenssachverhalt sind für die Erledigung mehrere Behördengänge erforderlich, was die Vervielfältigung von Anfahr- und Wartezeiten mit sich bringt.

Dieses Problem ist in der Verwaltungsmodernisierung seit Längerem bekannt (s. Bogumil et al. 2007). Von dort stammt auch der Gedanke von Verwaltungsentscheidungen "aus einer Hand", die in Bürgerämtern oder Bürgerbüros ermöglicht werden: "Die Akten sollen laufen, nicht die Bürger" (s. Falldarstellung in Mückenberger 2012, S. 222-45). Der Sachbearbeiter nimmt einem Kunden (ein Neubürger, ein Gewerbetreibender o.ä.) gegenüber die Zuständigkeit unterschiedlicher Ressort wahr (was natürlich vielseitige Qualifikation der Sachbearbeiter und Kooperation der Ressorts voraussetzt). Dadurch kann der Kunde mit seinem Anliegen mit einem Behördengang zum Ziel kommen. Deshalb wird im Englischen hier von "One-Stop-Agency" gesprochen, während Franzosen den Begriff "guichet unique" (einheitlicher Schalter) verwenden.

Im Zeichen des "E-Governments" ist diese Vorkehrung mittlerweile vervollkommnet worden durch den Drei-Schritt: 1. Erledigung von Verwaltungsvorgängen ggf. bereits per Internet (d.h. Zeitersparnis durch Erübrigung des Behördengangs), 2. telefonische Beratung, vor Allem Beratung darüber, welche Dokumente mitzubringen sind, um mit einem Behördengang zum Ziel zu kommen, 3. telefonische Vereinbarung eines verlässlichen Termins mit dem Sachbearbeiter (wo ein solcher nötig bleibt).

Die Fallbearbeitung durch Bürgerämter ist fast immer mit Beratung durch Sachbearbeiter verbunden. Diese kann ausführlich erfolgen, da durch das elektronische Filterungsverfahren nur die wirklich erforderlichen Behördengänge stattfinden. Manche Bürgerämter öffnen darüber hinaus ihre Räumlichkeiten für andere öffentliche oder private Institutionen (wie freie Träger, Verkehrsbetriebe, Freiwilligenagentur), um so die Verwaltungstätigkeit mit weiterer Information zu verbinden.

Beispiel 2 *Lebenslagenspezifische One-Stop-Agencies*

Nicht der Gedanke und die Praxis der One-Stop-Agencies sind hier für den zeitpolitischen Ansatz neu. Die eigentliche Neuerung ist die "Lebenslagenorientierung" im Bürgerbüro-Konzept.

- In einem zeitpolitischen Projekt der Stadt Erfurt wurde eine zeitstatistische Erhebung durchgeführt, die zutage brachte, dass überdurchschnittlich viele Bürger/innen dieser Stadt innerstädtisch umziehen. Daraufhin organisierte das Bürgeramt seine Dienstleistungen so, dass ein Dienstleistungspaket für innerstädtisch Umziehende vorgehalten wurde (s. der damalige Abteilungsleiter Neuhäuser 2001, S. 204-08).

- Ähnlich setzt das Modellprojekt der kommunalen Familienzeitpolitik der Stadt Herzogenrath bei der "Lebenslage Pendler" an, da viele Anwohner Auspendler in den Aachener Raum sind und damit gebündelte Probleme der Mobilität, der Kinderbetreuung und von Verwaltungsdienstleistungen usw. aufweisen, die "gebündelt" erledigt werden können (s. BMFSFJ 2014a). Vergleichbar hatte bereits der Bremer Bürgerservice die Informations- und Formulardienste des dort angesiedelten Finanzamts trotz fehlender örtlicher Zuständigkeit den Einpendlern aus dem niedersächsischen Umland geöffnet.
- Drei französische Beispiele zeigen, wie der "guichet unique"-Ansatz zeitpolitisch ganz unterschiedlich mit dem Lebenslagenkonzept verbunden wurde. Die Stadt Straßburg richtete einen Schalter für die "rentrée scolaire" (Wiederbeginn der Schule nach den national einheitlichen Sommerferien). Schüler und ihre Familien konnten sich dort nicht nur wieder einschreiben, sondern zugleich Fahrkarten und Tickets für Musik- und Sportveranstaltungen kaufen sowie Bücher ausleihen. Dabei traten Musik- und Theatergruppen auf, die den Schulbeginn zum kulturellen Ereignis machten. Ähnliche Vorkehrungen gab es in der Universitätsstadt Poitiers für Studenten zu Beginn des Semesters.
- Die Stadt Brive organisierte einen Zeitpunkt mit einem guichet unique, in dem die kulturellen Angebote der Akteure der Stadt vorgestellt und Einschreibungen und Ticketkäufe stattfinden konnten.
- Die Stadt Paris stellte in ihren Häusern für öffentliche Dienste "Kümmerer" ein, die den Nutzer/innen unterschiedlichster Herkunft und Bildungs- und Sprachgrade zu Orientierung über die ihnen zustehenden Rechte und über die Wege zu ihrer Realisierung verhalfen (die letzten drei Fälle, Tempo Territorial 2013).

Dies sind Beispiele für die gelungene zeitpolitische Erweiterung des Bürgerbüro-Ansatzes.

Die Beispiele setzen im Kern voraus, dass systematisch Lebenslagen ermittelt werden, auf die sich öffentliche und private Akteure beziehen können und sollen, und dass diese Akteure um diese Lebenslagen herum gruppiert "gebündelt" werden. Die Bündelung kann in der administrativen Zusammenfassung unterschiedlicher "Zuständigkeiten" bestehen, aber auch in der Vernetzung von Akteuren öffentlicher wie privater Art.

Auf kommunaler Ebene werden familienpolitische Leistungen oft aber auch in der Weise gebündelt angeboten, dass Ansprechpartner für die Familien geschaffen werden, die als "Lotse" und Berater durch die Vielfalt der verfügbaren Leistungen führen und damit das Angebot an Leistungen durchsichtiger und erreichbarer machen. In diesem Fall werden Leistungen nicht administrativ (wie beim Bürgerbüro und der One-Stop-Agency), sondern eher kognitiv und kommunikativzusammengefasst. Die "Lotsen" kennen sich in der Vielfalt der Leistungsoptionen und der offiziellen Ansprechpartner dafür aus. Sie können – wenn interessierte Personen (Alleinerziehende, kinderreiche Eltern, Jugendliche, Ältere etc.) sie um Rat bitten – ihnen die genau auf ihre spezifische Lebenslage zugeschnittenen Leistungspakete und die dafür zuständigen kommunalen oder freien Ansprechpartner nennen. Die Lotsen "bündeln" damit verfügbare Leistungen für Zwecke der ihnen gegenüberstehenden Zielgruppe. Damit wird immer auch ein zeitpolitisch wichtiges Ziel, nämlich die Erhöhung und Beschleunigung der tatsächlichen "Erreichbarkeit" von Sozialdienstleistungen, erreicht.

Beispiel solcher kommunaler Ansprechpartner in Nordrhein-Westfalen, aber auch anderen Bundesländern, scheinen mir die "Familienbüros" zu sein (s. Schwanecke 2009, 2009a; Possinger 2010; Engelbert et al. 2016). In einzelnen der verbreiteten Spielarten dieser Familienbüros sehe ich Analogien zu den oben skizzierten Zeitbüros und auch das Potential einer zeitpolitischen Weiterentwicklung in Kommunen Nordrhein-Westfalens.

Beispiel 3 *Familienbüros*

Familienbüros scheinen auch in Nordrhein-Westfalen zunehmende Verbreitung zu finden. Sie sind Ansprechpartner im kommunalen Raum, die über genaue Kenntnisse über die Situation vor Ort, die Bedarfe der Familien und die verfügbaren familienpolitischen Maßnahmen und Leistungen verfügen. Sie beraten betroffene Familienmitglieder und machen damit die familienpolitischen Angebote transparent und annehmbarer. Sie verschaffen zugleich der örtlichen Politik und Verwaltung Kenntnis von Bedarfslagen und Art und Ausmaß der Befriedigung dieser Bedarfslagen durch das vorhandene Leistungsspektrum. Der Begriff Familienbüro changiert (Engelbert 2016, S. 12) – er kann sich mit Generationen- oder Kinderbüros und Familienzentren überschneiden.
Mit Größe der Gebietskörperschaft steigt die Wahrscheinlichkeit, dass ein Familienbüro besteht; besonders häufig haben kreisfreie Städte ein Familienbüro. Träger können Städte und Kreise, aber auch freie Wohlfahrtsverbände sein. Mehr als 2/3 aller nordrhein-westfälischen Familienbüros sind im Rathaus/Kreis oder im Verwaltungsgebäude/Jugendamt angesiedelt. Sie können kommunale Untergliederungen (Dortmund hat davon 22, der Kreis Gütersloh 12) haben – was den Doppelcharakter von Vor Ort- und Entscheiderebenen-Institution begründet.
Schwanecke (2009 und 2009a) unterschied in der bundesweiten Bestandsaufnahme 4 Modelltypen von Familienbüros: zentrale Anlaufstelle, Familienbüro-Netzwerke (in Großstädten und Kreisen); mobile Familienbüros, und zentrale Anlaufstelle in Wohngebieten mit besonderem Entwicklungsbedarf. Engelbert et al. (2016) ziehen eine andere Unterscheidung von Modelltypen von Familienbüros in Nordrhein-Westfalen vor: Lotsenstelle; Servicestelle für junge Familien; Netzwerkstelle; Strategiestelle; Koordinationsstelle für freiwilliges Engagement. Zwei Typen sind hierbei von besonderem zeitpolitischen Interesse, auch wenn sie zahlenmäßig offenbar geringes Gewicht haben. Die *mobilen* Familienbüros senken die Schwelle der Erreichbarkeit von Leistungen, weil sie sonst schwerer ansprechbare Bevölkerungsgruppen "aufsuchend" erreichen. Die als *Strategiestelle* wirkenden Familienbüros sind nicht so sehr Servicestellen, sondern sie vermitteln lebenslagenbegründete Sichtweisen und Bedürfnisse vor Ort in den politischen Raum, sie sind also politisch gestaltende Faktoren.

Für eine Strategie kommunaler Zeitpolitik in Nordrhein-Westfalen dürften Familienbüros eine hochinteressante und entwicklungsfähige Instanz sein.

- Sie sind an Lebenslagen und Sozialräumen orientiert, gewinnen aus der Erfahrung der auch zeitlichen Bedarfen vor Ort und der Grenzen ihrer eigenen Fähigkeit, diesen Bedarfen nachzukommen, ein Bild von politischen Handlungsbedarfen.
- Zugleich sind sie in der administrativen Struktur der Kommune – und vermutlich auch in der Öffentlichkeit – so hoch aufgestellt, dass sie diesen Handlungsbedarfen Gehör und Durchsetzungsvermögen verschaffen können.

Sie könnten ein Andock-Punk auch für zeitliche Bedarfslagen werden, die nicht familienpolitisch im engeren Sinne sind. Natürlich kommt Vieles auf ihre Ausstattung und Kompetenz wie auch ihre Respektierung und Unterstützung durch die obersten gewählten Instanzen in der Kommune an.

Um sich der beschriebenen Funktion von "Zeitbüros" annähern zu können, müssten Familienbüros neben ihrer Lotsen- und Vernetzungsfunktion ihre "strategische" Funktion (Engelbert et al. 2016) stärken. Mit der Orientierung "nach außen", in Politik, Verwaltung und Öffentlichkeit der Kommune könnten sie erheblich dazu beitragen, die Verankerung und den Ausbau lebenslagenorientierter Zeitpolitik in der Kommune wirksam werden zu lassen.

c) Kommunale Planung

Dass zeitpolitische Verantwortlichkeiten, Aufgaben und Ressourcen gebündelt und Zeitpolitik dabei hochrangig, ressortübergreifend und repräsentativ angebunden sein muss, wird deutlich, wenn man sich den Prozessen kommunaler Planung zuwendet. Wir haben gesehen, dass eine zeitpolitische Notwendigkeit sowohl für dezentrale Behandlung alltäglicher Lebenslagen in ihrer zeitlichen Gestalt "vor Ort" (in Quartieren, Statteilen, Ortschaften, Bezirken etc.) als auch für ihre zentrale Behandlung durch Instanzen, die entscheidungsbefugt und -kompetent sind. Für deren Synthese stellt sich der "Bündelungsgedanke" nicht in bürokratisch-administrativer Form, sondern in Form von Kommunikationserfordernissen – also von Kooperation und Vernetzung –, die den jeweils eigenen Wirkungskreis übergreifen. Eine synthetisierende Planung – d.h. Zukunftsgestaltung – setzt solche Vernetzung in wenigstens drei Beziehungen voraus:

Vor Ort: Lebenslagen vor Ort resultieren aus unterschiedlichen Faktoren – damit aus dem Wirken von Akteuren, die über diese Faktoren Macht ausüben. Ob ein Ortsteil von "Handel und Wandel" belebt oder ob er vereinsamt ist; ob er gesellige und kulturelle Angebote aufweist; ob er (zu Fuß, mit Fahrrad oder ÖPNV) "erreichbar" ist; ob er Kinderbetreuung, Arbeitsgelegenheit, Schule,

Krankenpflege bietet u.v.a.m. – das Alles beeinflusst Lebenslagen an diesem Ort. Für diese Faktoren sind je unterschiedliche Akteure maßgebend – Gewerbetreibende, Kulturanbieter, Verkehrsbetreiber; Unternehmen, kommunale Anbieter etc. Je nachdem welche dieser Lebenslagen verbessert werden soll, verlangt dies nach "Bündelung" – Kommunikation und Vernetzung – dieser Akteure. Nach aller Erfahrung verlangt schon diese Bündelung eine sachkundige Moderation – "spontan" verläuft sie selten.

Entscheiderebene: Die vor Ort artikulierten Probleme und Forderungen werden vermutlich auf Entscheiderebene bei den für Soziales zuständigen Ressorts ankommen. Gelöst werden können sie i.A. von diesen nicht, jedenfalls nicht allein. Sie werden die Mithilfe anderer Ressorts (Wirtschaft, Verkehr, Gesundheit, Bildung, Kultur etc.) und gesellschaftlicher Akteure (Unternehmen, Verbände etc.) benötigen. Und sie werden auf die übergreifenden Planungsprozesse (der Kommune, des Landes) Einfluss nehmen müssen, um der Problemlösung eine nachhaltige Perspektive zu geben. Das wiederum verlangt eine Bündelung auf Entscheiderebene. Gerade diese Bündelung stößt oft auf Widerstände, die auf Unkenntnis, Beharrungsvermögen, aber auch auf partikularen Interessen beruhen kann. Auch hier ist oft Moderation für das Gelingen der Kommunikation und Kooperation erforderlich.

Verhältnis zwischem Beidem (Vor Ort- und Entscheiderebene): Auch dass die vor Ort erfahrenen und artikulierten zeitlichen Problemlagen überhaupt auf der Entscheiderebene "ankommen", ist keine Selbstverständlichkeit. Die Entscheiderebene ist oftmals gegen lebensweltliche Anliegen abgeschottet. Ihre Blickwinkel und darauf beruhende Planungen werden oftmals, was nicht vorwerfbar ist, mehr von Investoren als von Bewohnern beeinflusst. Also stellt schon die Bündelung der zeitlichen Lebenslagen vor Ort und ihrer planerischen Lösung durch politische Entscheider eine zu bewältigende Aufgabe dar.

Alle drei "Bündelungserfordernisse" werden in der zeitpolitischen Diskussion gesehen. Sie haben bislang (s. die in IV. aufgeführten Erfahrungen) dazu geführt, 1. für zeitpolitische Aushandlungsprozesse (vor Ort – auf Entscheiderebene – zwischen Beiden) besondere zeitpolitische Institutionen einzurichten, die Anstöße für die erforderlichen Bündelungen geben können, 2. zugleich aber diese Institutionen in der kommunalen Hierarchie so hoch aufzuhängen, dass ihre zeitpolitischen Initiativen Aussicht haben, sich gegen das Beharrungsvermögen von Einzelinteressen zu behaupten und durchzusetzen.

Der geschilderte Zusammenhang soll kurz anhand der Struktur der Kinder- und Jugendhilfe exemplifiziert werden. Diese weist m.E. bereits starke Ansätze der eben genannten Bündelungen auf und könnte darin für zeitpolitische Ansätze gut fortentwickelt werden.

Beispiel 4 *Kinder- und Jugendhilfe*

Die Kinder- und Jugendhilfe ist ein Bereich familienbezogener Kommunalpolitik, der Anliegen kommunaler Zeitpolitik z.T. bereits einlöst und ein beachtliches Entwicklungspotenzial für diesen Politiktyp aufweist. Er gehört zu den, den Kommunen aus Bundesrecht (SGB VIII, insb. §§ 69 ff. und 85 ff.) und aus Landesrecht (§§ 1 und 1a AG KJHG) obliegenden Pflichtaufgaben, bei deren Erfüllung die Kommunen Ausführungsspielräume für politische Gestaltung haben. Kinder- und Jugendhilfe ist auf die Lebenslage junger Menschen (auf Förderung "ihrer individuellen und sozialen Entwicklung") und auf die positive Gestaltung ihres Sozialraums gerichtet. Denn sie soll "dazu beitragen, positive Lebensbedingungen für junge Menschen und ihre Familien sowie eine kinder- und familienfreundliche Umwelt zu erhalten oder zu schaffen" (§ 1 Abs. 3 Ziff. 1 und 4 SGB VIII).

In der Kooperation zwischen Jugendämtern und Jugendhilfeausschüssen, wo Träger der freien Jugendhilfe Sitz und Stimme haben (§§ 4 und 11 AG KJHG), ist eine staatlich-nichtstaatliche Zusammenarbeit angelegt. Die Kinder- und Jugendhilfe ist örtlich und überörtlich vernetzt: Durch beratende Mitglieder aus verschiedenen Institutionen (§§ 5 und 12 AG KJHG), durch die Beteiligung der Jugendlichen selbst (§ 6 3. AG-KJHG – KJFöG), durch die Zusammenarbeit mit Schulen (§ 7 KJFöG) und zahlreichen öffentlichen Stellen, "deren Tätigkeit sich auf die Lebenssituation junger Menschen und ihrer Familien auswirkt" (§ 81 SGB VIII). Bedeutsam für den zeitpolitische Handlungskontext ist die Jugendhilfeplanung (§ 80 SGB VIII), die im 3. Ausführungsgesetz KJFöG dahingehend konkretisiert wird, dass sie "flexibel auf neue Entwicklungen in deren *Lebenslagen* reagieren" soll (§ 8 KJFöG - Herv. U.M.).

Anders als z.B. die Altenhilfe (§ 71 SGB XII) ist die Kinder- und Jugendhilfe auf Bundes- wie Landesebene institutionell so durchgestaltet, dass sie sowohl "vor Ort" präsent ist (mit Kinder- und Jugendarbeit, Bildungsarbeit, Jugendsozialarbeit und erzieherischem Kinder- und Jugendschutz) als auch auf Entscheidungsebenen in Kommune und Land Sitz und Stimme hat. Dass direkt aus den Lebenslagen Jugendlicher entspringende Anliegen und Nöte so auch institutionell und rechtlich verändernd wirken können, macht dieses institutionelle Gefüge auch für den zeitpolitischen Zugang geeignet.

Nordrhein-Westfalen weist in der Kinder- und Jugendhilfe zwei Besonderheiten auf, die für lokale Zeitpolitik gleichfalls Vorteile mit sich bringen können. Erstens können schon kreisangehörige Städte mit mehr als 20 Tausend Einwohnern ("Mittlere") zu örtlichen Trägern der öffentlichen Jugendhilfe bestimmt werden (§ 2 Satz 1 AG KJHG, § 4 Abs. 2 S. 1 GO). Zweitens sind überörtliche Träger der öffentlichen Jugendhilfe die Landschaftsverbände (§ 8 AG KJHG). Die Landschaftsverbände Rheinland und Westfalen-Lippe sind von Kreisen und kreisfreien Städten gebildete, umlagefinanzierte und selbstverwaltete öffentlich-rechtliche Körperschaften, zu deren Aufgaben neben "Sozialen Aufgaben, Jugend und Gesundheitsangelegenheiten" "landschaftliche Kulturpflege" und "Kommunalwirtschaft" gehören.[40] [41]

---

40 S. §§ 1, 2, 5 Abs. 1 a bis c sowie §§ 22 und 23c Landschaftsverbandsordnung - LVerbO. Das Vertretungsorgan Landschaftsversammlung wird von der Vertretungen der Mitgliedskörperschaften gewählt (§ 7b). S. auch die Hauptsatzungen beider Landschaftsverbände (GV. NRW. 2010. S. 116; GV. NRW. 2014. S. 858).

41 Dass schon Städte mit 20000 Einwohnern Jugendämter und Jugendhilfeausschüsse haben können, kann die Stimme der Lebenslagen Jugendlicher möglicherweise erhöhen. Auch

Die Präsenz der Kinder- und Jugendhilfe sowohl "vor Ort" als auch auf politischer Entscheiderebene in Kommune und Land bieten die Chance der Vermittlung lebenslagenbezogener Probleme und Lösungsperspektiven in den politischen Raum. Um das an wenigen Beispielen mit zeitpolitischem Einschlag kurz zu verdeutlichen:

- Wenn in der Jugendarbeit "Angst-Räume" in der Stadt (also Straßen, Plätze oder Haltestellen, die wegen mangelnder Belebung oder Beleuchtung zu bestimmten Tageszeiten z.B. von Mädchen nicht allein angstfrei genutzt werden können) ermittelt, begangen und besprochen werden können, können daraus in Jugendhilfeausschüssen Forderungen nach belebender Quartiersplanung, überschaubarer Platzgestaltung und guter Beleuchtung hergeleitet und gegenüber Stadtplanern geltend gemacht werden.
- Wenn Präventionsinitiativen in prekären Stadtteilen (Kontaktbeamte, Nachbarn, Gemeinden, Jugendhilfe etc.) herausfinden, dass für gefährdete Jugendliche und ihre Alltagszeit Geselligkeits-, Spiel- und kulturelle Angebote, die ihre Selbstwirksamkeit stärken, fehlen, kann auch das auf der Entscheiderebene in den lokalen Planungsprozessen geltend gemacht werden.
- Jugendliche, Anwohner, Gewerbetreibende, Mitglieder von Bezirksvertretungen oder Ortschaften, die sich um Spielgelegenheiten Jugendlicher kümmern, stoßen oft auf den Mangel oder die schlechte Qualität oder den verwahrlosten Zustand von Spielplätzen. Wenn hier eine schnelle Abhilfe vor Ort nicht möglich ist, bietet die Kinder- und Jugendhilfe wiederum den institutionellen Rahmen, um gestalterische Maßnahmen auf der Planer- und Entscheiderebene einzufordern.

Die Beispiele zeigen eine strukturelle Beziehung zwischen der lebensweltlichen Erfahrung und Forderungsentwicklung vor Ort und deren Rückvermittlung in den politischen Raum, die der Kinder- und Jugendhilfe eigen ist. Genau dieser strukturelle Zusammenhang muss auch bei wirksamer kommunaler Zeitpolitik gesucht werden. Es muss eine alltagspraktische Ebene existieren, auf der Lebenslagen in ihrer Zeitstruktur erfahren und ausgedrückt werden. Und es muss eine "strategische" Entscheiderebene geben, auf der aus diesen Erfahrungen lebenslagengerechte politische und rechtliche Folgerungen gezogen werden können. Allerdings ist ein Drittes notwendig, was in den Beispielen an den Jugendhilfeausschüssen veranschaulicht wurde: Es muss eine Instanz geben, die genau dieses Wechselverhältnis zwischen praktischer und strategischer Ebene herbeiführt, mit Information unterlegt und moderiert. Diese Instanz ist in der kommunalen Zeitpolitik das Zeitbüro.

Das zeitpolitisch Interessante an diesem Beispiel ist der hohe Grad von Rückvermittlung von Erfahrungen und Bedarfen "vor Ort" in den öffentlichen und politischen Raum der Entscheider hinein. Dies geschieht bei der Kinder- und Jugendhilfe auf Grundlage einer hohen institutionsbezogenen Ausgangsregulierung: des SGB VIII und der dadurch geforderten Ausführungsgesetzgebung durch die Länder.

Ich kann nicht beurteilen, ob und wie die diese Rückvermittlung von Erfahrungen vor Ort in die Entscheiderebene empirisch funktioniert und welche Wir-

---

dass von Kommunen selbst getragene Körperschaften – die obendrein über eine wirtschaftliche Kompetenz verfügen – überörtliche Träger der Jugendhilfe sind, kann diesen Lebenslagen Schubkraft verschaffen.

kungen sie auf das Entscheiderverhalten hat. Interessant wäre vor Allem zu wissen, ob mithilfe dieses Instrumentarium systematisch auch in kommunale Fachbereiche hineingewirkt wird, die nicht für Jugend oder Soziales zuständig sind, sondern die z.B. über Stadtplanung/-entwicklung, über Kultur- oder Gewerbeansiedlung entscheiden etc. Wenn dort die zeitlichen Anliegen der Jugendlichen aufgenommen und verwirklicht werden, wäre das ein Beispiel, wo kommunale Zeitpolitik auf Grundlage einer entwickelten institutionellen Struktur funktioniert, selbst wenn formell kein Zeitbüro dafür antritt.

d) Hohe Anbindung der Zeitpolitik in der Kommune

Ein demokratisches Planungs- und Gestaltungsinstrument wie kommunale Zeitpolitik braucht mit dem Lebenslangen- und Sozialraumbezug zunächst einmal das "Ohr am Volk." Es ist auch das Privileg der Kommunen – und der tiefere Grund ihrer nahezu universellen Selbstverwaltung -, dass sie der Stimme des Volkes am nächsten sind ("Die Gemeinden sind die Grundlage des demokratischen Staatsaufbaues.", § 1 Abs. 1 S. 1 GO). Dem entsprechen die soeben unter a) bis c) mitgeteilten Befunde, dass lebensweltliche Nöte und Anliegen "vor Ort" ermittelt und ernstgenommen und dann in der einen oder anderen Form in den politischen Raum, auf die Entscheiderebene, weitergegeben werden, um ggf. zu einer Verbesserung der Lebenslage Anstoß zu geben. Dieser "bottom up"-Prozess ist für ein demokratisches Gemeinwesen konstitutiv und für einen Politiktyp wie Zeitpolitik unabdingbar.

Dessen ungeachtet - oder vielleicht gerade wegen des demokratischen Ausgangspunktes von kommunaler Zeitpolitik – ist Zeitpolitik in der Kommune nur wirksam, wenn sie von oberster Autorität in der Kommune respektiert, unterstützt und mit Durchsetzungsmacht ausgestattet wird. Das ergibt sich aus den unter IV.6. genannten konzeptionelle Grunderfahrungen mit lokaler zeitpolitischer Gestaltung. Lokale Zeitpolitiken bedürfen einer ausgewogenen Verbindung von Ziel- und Ressourcenvorgaben („top-down“) und unmittelbarer Betroffenen-(stakeholder-) Beteiligung („bottom-up“). Bloße top-down-Ansätze laufen rasch aus. Bloße bottom-up-Ansätze finden keine Nachhaltigkeit. Ein Grund für diese Notwendigkeit war – die obige zweite Grunderfahrung! – die Gefahr, dass sich Zeitpolitiken in Gestalt von „Departementalisierung“ sozusagen zerbröseln. Gegenüber Beharrungskräften und Partialinteressen in Ressorts, Verbänden, Wirtschaft haben ganzheitliche, lebenslagenbezogene Politiken keine Chance – wenn nicht von der Legitimationsspitze der Kommune Überzeugungs- und Durchsetzungskraft vorgehalten wird.

Im Gutachtensauftrag wurde im Hinblick darauf die herausgehobene Rolle des Bürgermeisters in der italienischen Kommunalreform von 1990 ins Spiel gebracht.

Beispiel 5 *Koordinationsrecht des Bürgermeisters nach der italienischen Kommunalreform von 1990*

Dass der Gesetzgeber die am höchsten legitimierte kommunale Instanz mit der zeitpolitischen Neuordnung beauftragte, markierte den Ausgangspunkt der italienischen kommunalen Zeitpolitik. Dort hatte im Jahre 1990 – nachdem ein Volksbegehren immerhin ca. 1 Million Stimmen für einen Gesetzentwurf zur Neuordnung der "Zeiten der Stadt" aufgebracht hatte – eine Bestimmung Eingang in das Kommunalreformgesetz vom 8. Juni 1990 gefunden. Art. 36 legte dem Bürgermeister auf, alle Öffnungszeiten von Geschäften und kommunalen Verwaltungen dergestalt zu koordinieren, "dass die Ausübung der Dienste mit allen gemeinhin anfallenden Bedarfslagen der Nutzer harmonisiert werden." (Text und Begleitumstände bei Mückenberger 1992, S. 98 ff. (101)).
Hier fand nicht nur das zeitbezogene Lebenslagen-Konzept eine erste legislative Anerkennung. Praktisch wichtig und folgenreich war darüber hinaus, dass dem Bürgermeister die Koordinierungsbefugnis zugewiesen wurde. Diese Bestimmung wurde Ausgangspunkt zahlreicher lokaler Zeitpakte in italienischen Gemeinden – auch bereits vor der umfassenden Gesetzgebung von 8. März 2000 (s. Bonfiglioli/Mareggi 1997; Mareggi 2013 und 2016).
Zu erklären ist das wohl so: Das Gesetz hatte dem Bürgermeister die Befugnis zugeschrieben, die Zeiten notfalls einseitig den Bedarfslagen der Nutzerinnen anzupassen. Diese Tatsache einer ggf. drohenden einseitigen Entscheidung durch den Bürgermeister machte die je einzelnen Ressorts und privaten Akteure zur Kooperation bereit. Zugleich war sie ein wirksamer Hebel, die getroffenen zeitlichen Vereinbarungen tatsächlich einzuhalten. Es gab damit sozusagen einen ranghohen "Garanten" für die lokale Zeitpolitik: den Bürgermeister - sowohl hinsichtlich der Herstellung von zeitpolitischer Koordinationsbereitschaft der öffentlichen und privaten Akteure als auch der Implementierung der dabei getroffenen Regelungen.

Ohne eine solche Garanten-Funktion kommt m.E. eine lokale Zeitpolitik nicht aus. Gewiss entspricht nicht deutscher Kommunalverfassung, dem Bürgermeister eine solche entscheidende Rolle zuzuweisen. Nach nordrhein-westfälischem Kommunalrecht ist der Rat für solche politischen Willensbildungsprozesse zuständig (§ 41 Abs. 1 S. 1 GO), wohingegen der Bürgermeister für die Vorbereitung und die Durchführung der Beschlüsse des Rates zuständig ist (§ 62 Abs. 2 S. 1 und 2 GO). In der Sache selbst aber könnte auch in Deutschland die oberste gewählte Instanz der Gemeinde – soweit sie vorrangiges Bundes- und Landesrecht beachtet – in zeitpolitischen Fragen entscheiden.

Wie die Organisationsstruktur praktisch aussehen kann, zeigt erneut ein italienisches Beispiel:

Beispiel 6 *Amt für Statistik und Zeiten der Stadt der Stadt Bozen*

In der Tradition der italienischen kommunalen Zeitpolitik spielt die Stadt Bozen ein wichtige Vorreiter-Rolle (s. Bonfiglioli/Mareggi 1997; Bauer-Polo 2001 und Picone/Bauer-Polo 2001). Die Vize-Bürgermeisterin und Beigeordnete (dort "Stadträtin" genannt) Dr. Ingeborg Bauer-Polo hatte in ihrer Zuständigkeit Urbanistik und kommunale Zeitpolitik. Sie hatte auf

dieser Grundlage das Amt Zeiten der Stadt eingerichtet. Später wurde das Amt der Abteilung Planung, Steuerung und Informationssystem zugeordnet und mit dem Amt für Statistik zusammengelegt. Die aktuelle Leiterin dieses Amtes ist eine ausgewiesene Zeitpolitikerin.[42]
Auf die Frage nach der Einschätzung dieser Zusammenlegung antwortete sie: "Das hat seine Vorteile: dadurch dass ich beide Bereiche leite, kann ich ohne Probleme Umfragen, Studien usw. zu zeitpolitischen Themen durchführen oder statistische Informationen sammeln, die wir zu Beginn eines Projektes als Ausgangsinformation benötigen. ..."
Auf die Frage, wie bei ihr in der Kommune sichergestellt sei, dass zeitliche und zeitpolitische Anliegen in der Tagespraxis aller Fachämter (z.B. Bauamt, Planungsämter, Schulamt etc.) wahrgenommen und befolgt werden, antwortete sie: "Mein politischer Verantwortliche (Stadtrat) bespricht die Projekte vorab mit seinen Kollegen in der Stadtregierung und versucht, sie für eine Zusammenarbeit zu gewinnen. Oft ist es natürlich schwierig, die Zustimmung der anderen zu erhalten, weil es bei Erfolgen zu "Eifersüchteleien" kommt. Unsere Verwaltungs-Kollegen der anderen Zuständigkeitsbereiche arbeiten dann am Projekt konstant mit."
Auf die Frage, ob sie als Amtsleiterin direkten Zugang zum Bürgermeister und/oder den Beigeordneten habe, antwortete sie: "Im Grunde schon, aber meistens läuft's über meinen Stadtrat."

Der Frage, wo Zeitpolitik in der kommunalen Verwaltungsorganisation angesiedelt wird, kommt m.E. zweierlei Bedeutung zu. Die erste wurde bereits mehrfach genannt: Zeitpolitik als eine ressortübergreifende und privat-öffentlich-integrierende Politikform bedarf einer Durchsetzungsinstanz, um sich gegen Beharrungswiderstände behaupten kann. Dieser Gesichtspunkt ist im Bozener Beispiel wohl insofern gewahrt, als Zeitpolitik durch die Zuständigkeit eines Stadtrats zu den Aufgaben der Stadtregierung (man würde in Nordrhein-Westfalen hier wohl vom Verwaltungsvorstand sprechen: § 70 G0) gehört, so dass die Angelegenheiten auf höchster Ebene Thema werden können.

Der zweite Faktor ist eher verwaltungs"kultureller" Art. Wird Zeitpolitik eher einem "weichen" Ressort wie "Soziales" oder einem "harten" Ressort wie Wirtschaft, Bau, Verkehr zugeordnet? Die Begriffe "weich" und "hart" und ihre fachliche Zuordnung sind mit guten Gründen anzweifelbar – aber sie spiegeln eine durchaus noch beobachtbare Differenz in der Verwaltungskultur wider. Von dieser Zuordnung hängt die fachliche Zuschreibung der Materie selbst ab – damit auch die Frage, inwieweit Zeitpolitik sozusagen als "Bittsteller" auftritt, wenn wirtschaftliche, finanzielle, bauliche und planerische Belange betroffen sind, oder als deren selbstverständlicher Bestandteil.

Die Bozener Lösung, Zeitpolitik und Statistik in einem Amt zusammenzufassen, hat den Vorteil, dass alle Ressorts an der Statistik ein genuines Interesse haben und anerkennen. Dies dürfte bei ihnen die Vertrautheit auch mit zeitpoli-

42 Die folgenden Auskünfte stammen aus einer Email der Amtsdirektorin, Dr. Sylvia Profanter, an den Verfasser vom 13. März 2016.

tischen Perspektiven von vornherein erhöhen. Damit können sie zeitpolitische Anliegen besser verstehen und leichter in die je eigene Verwaltungszuständigkeit einbeziehen. So war z.B. in Bozen ein wichtiger sog. "Mobilitätspakt", der die Verkehrsanbindung des Gewerbegebiets Bozen-Süd zum Gegenstand hatte, ein mithilfe statistischer Erhebung entwickeltes Projekt des Amts für Zeitpolitik, in das die Ressorts Wirtschaft und Verkehr fest und loyal integriert waren.

Ein lehrreiches Beispiel eines produktiven Umgangs mit der stärkenden Legitimation familienbezogener Zeitpolitik bietet der Fall der schon mehrfach zitierten Stadt Aachen.

Beispiel 7 *Stadt Aachen – eine zielbewusste Verankerung lokaler Familienzeitpolitik*

Die Stadt Aachen ist für die Schritte zur Etablierung kommunaler Zeitpolitik in mehrfacher Hinsicht beispielgebend.

- Erstens zeigt der Prozess der Entwicklung von Familienzeitpolitik in Aachen ein erfolgreiches Wechselverhältnis zwischen lokalen und nationalen zeitpolitischen Initiativen und Willensbildungen auf.
- Zweitens hat Zeitpolitik durch herausgehobene Legitimationsakte durch Rat und Oberbürgermeister politisches Gewicht, Anerkennung und Rückhalt erfahren.
- Drittens strahlt kommunale Familienzeitpolitik so weit in die planerischen Aktivitäten der Stadt hinein, dass diese Aussicht haben, stadtgestalterische lokale Zeitpolitik im weiteren Sinne zu werden.

Aachen war bereits 1996 am Bundeswettbewerb "Kinder- und familienfreundliche Kommune" beteiligt. Es gründete 2005 auf Initiative des Bundesfamilienministeriums sein "Bündnis für Familie". 2010 erhielt Aachen im Rahmen des Audits familiengerechte Kommune des Landes Nordrhein-Westfalen 2010die erste Zertifizierung. Aufgrund des VII. (2006) und des VIII. Familienberichts der Bundesregierung (2012) richtete sich die Aufmerksamkeit auf Familienzeitpolitik. Das zweijährige Modellprojekt "Kommunale Familienzeitpolitik" des Bundesfamilienministeriums führte in Aachen dazu, diese als eigenes kommunales Politikfeld auszuprägen. 2013 setzte der Oberbürgermeister der Stadt die Großstadtinitiative "Neue Zeiten für Familie" auf, die – erneut vom Bundesministerium finanziert – immerhin 40 Städte im Bundesgebiet um ein Memorandum zur kommunalen Familienzeitpolitik vereinte.
In der Stadt verankert wurde diese Politikgestaltung durch eine Struktur aufeinander aufbauender Beschlüsse des Rats. Der Ausgangsbeschluss zur Reauditierung der Stadt Aachen zur familiengerechten Kommune von Januar 2015 legte den Grund für die zweite Zertifikatsverleihung im Juli 2015 und erhob eine familienzeitpolitische Zielvereinbarung mit klarer Struktur und hoher Verbindlichkeit zur kommunalen Geltung. Dort wurde die Vernetzung der einschlägigen Ressorts eingefordert und auf konkrete zeitpolitische Zielbereiche konkretisiert. Zu einzelnen dieser Ziele (z.B. zur Schaffung von Betriebskindergärten) wurden konkretisierende Ratsbeschlüsse herbeigeführt.
Der Ausgangsbeschluss sah auch vor, den Faktor Zeit in den städteplanerischen Kriterienkatalog einzubeziehen und damit alle befassten Fachbereiche (einschl. Stadtentwicklung und Verkehrsanlagen wie auch Bauaufsicht) zu befassen. In der Logik dieses Beschlusses liegt, Zeit und Zeitplanung in die gesamten Planungsvorgänge der Kommune einzuspeisen. Diese Anerkennung des zeitlichen Prüfmaßstabs sollte Mitte Juni 2016 im Kinder-und Jugendaus-

schuss sowie im Planungsausschuss und Ende Juni 2016 im Rat der Stadt beschlossen werden. Damit bietet Aachen die Voraussetzung, kommunale Zeitpolitik zu einem integralen Bestandteil der Stadtentwicklung zu machen.

Das Beispiel zeigt, wie erfolgreiche Legitimationsakte von Zeitpolitik eine nachhaltige Dynamik in Gang setzen können. Die organisatorische Zuordnung von Zeitpolitik in der Kommune ist in dem Beispiel durchaus angerissen, indem etwa die Planungsinstanzen der Stadt mit in den Kommunikationsprozess einbezogen werden. Diese Frage der organisatorischen Zuordnung (für die die Stadt Bozen – Beispiel 6 – ein anschauliches Beispiele gab) dürfte auch in Nordrhein-Westfalen eine wichtige Rolle spielen, sollte kommunale Zeitpolitik im weiteren Sinne auf die Tagesordnung kommen.

3. Zeitpolitik im Mehrebenen-System

Das Beispiel der Stadt Aachen zeigte bereits ein fruchtbares Wechselverhältnis zwischen Kommune, Bund und Land bei der Etablierung kommunaler Familienzeitpolitik. Hier wurde besonders der Einfluss von Bundes- und Landesprogrammen deutlich. Geht man den mitgeteilten italienischen und französischen Beispielen nach, so wird man gleichfalls auf die Wirkungen der nationalen Ebene auf lokale Zeitpolitiken aufmerksam. Ich gehe noch auf das italienische Beispiele ein, das von einem systematischen Zusammenhang zwischen kommunaler Zeitpolitik, einem nationalen Gesetz und den regionalen Umsetzungsgesetzen geprägt ist. Im Ursprung und bei ersten Vernetzungen lokaler Zeitpolitiken spielte auch die europäische Ebene eine große kommunikative und finanzielle Rolle (s. zuletzt Boulin 2015; s. bereits Boulin/Mückenberger 1999).

Obgleich der Sitz von kommunaler Zeitpolitik natürlich die Kommunen sind, hat sich kommunale Zeitpolitik im dem entwickelt, was man heute das "Mehrebenen-System" bezeichnet (Kommune – Land – Bund – Europa) (statt Vieler Benz 2009). Die Initiative, der wechselseitige "best-practice"-Austausch, die Finanzierung, die Ausbildungsgänge wie auch die wissenschaftliche Systematisierung sind bei diesem neuen Politikfeld immer Wechselwirkungen zwischen verschiedenen Ebenen dieses Mehrebenen-Systems gewesen. Kommunen bedürfen dabei offenbar vielfach ergänzender anstoßender, unterstützender und evaluierender Maßnahmen auf je anderen Ebenen.

Italien hat eine fruchtbare Wechselwirkung zwischen kommunaler, regionaler und nationaler Ebene entwickelt. Deren Auswirkung auf die Verbreitung von Zeitbüros und Zeitleitplänen wurde bereits dargestellt. Hier soll der Mechanismus, der diese Wirkung auslöste, skizziert werden.

Beispiel 8 *Der mehrstufige Fördermechanismus für kommunale Zeitpolitik in Italien*

Am 8. März 2000 wurde in Italien das nationale Gesetz 53/2000 verabschiedet, das Zeitpolitik in italienischen Kommunen einführte (Republik Italien 2000). Das Gesetz verpflichtet Kommunen mit mehr als 30.000 Einwohnern auf bestimmte Grundsätze der kommunalen Zeitpolitik, die der Lebensqualität der Menschen dienen soll; kleineren Gemeinden erlaubt das Gesetz, sich zu diesem Zweck zusammenzutun (Art. 23). Die Verpflichtung der Kommunen wird in dreifacher Weise konkretisiert und operationalisiert:

- Die Kommunen stellen sog. Zeitleitpläne auf, die – etwa in Projekten oder Modellversuchen – die Zeitsysteme von Dienstleistungen in der Stadt harmonisieren und koordinieren (Art. 24 Abs. 1 und 4 bis 6). Verantwortlich für die Aufstellung ist der Bürgermeister, der zu diesem Zweck Ressorts, Sozialpartner und zivilgesellschaftliche Akteure (wie Familienverbände) konsultiert. Der Plan berücksichtigt Auswirkungen der Zeitstrukturen auf Verkehr, Umwelt und Lebensqualität. Er wird auf Vorschlag des Bürgermeisters vom Rat der Gemeinde beschlossen und hat bindende Wirkung für alle Ressorts und die Stadträte.
- Die Kommunen benennen Verantwortliche, denen die Kompetenz in Fragen der Zeitgestaltung übertragen wird und die auf Leitungsebene Stimme haben. Kleinere Kommunen können solche Zeitbüros assoziiert errichten (Art. 24 Abs. 2 und 3).
- Das Gesetz schreibt ein Beteiligungsverfahren für die Entwicklung zeitpolitischer Projekte vor (Art. 25), an dem außer Bürgermeister und Zeitpolitik-Verantwortlichen – betroffene Ressorts und Vertreter territorialer Untergliederungen, Gewerkschafter, Unternehmer und lokale Transportbetreiber teilnehmen (Abs. 1). Diese handeln zeitbezogene Vereinbarungen aus und setzen sie um (Abs. 2).

Kommunale Zeitpolitik wird hier also mit einer Art "Experimentierklausel" für zeitpolitische Gestaltungsprojekte versehen. Dafür regelt das Gesetz i. W. das Verfahren (mit der Trias örtlicher Zeitleitplan, Bestimmung von Beteiligten bei seiner Aushandlung und von Verantwortlichen für seine Durchführung) mit dem Bürgermeister in oberster Verantwortung.
Zwei Vorkehrungen geben dieser Zeitpolitik-Gesetzgebung einen dynamischen, auf effektive Umsetzung gerichteten, Charakter:

- Das Gesetz Nr. 53/2000 verpflichtet die Regionen zu konkretisierender Gesetzgebung auf regionaler Ebene (Art. 22).
- Es stellt einen nationalen Zeitpolitik-Fonds zur Verfügung (Art. 28 Abs. 2). Dieser war (nach Stand von 2000) mit einem Betrag von jährlich etwa 7 Mio. € ausgestattet und musste getrennt von anderen Fonds für soziale Angelegenheiten geführt werden.

Die Mittel des nationalen Fonds werden von den Regionen aufgestockt und an zeitpolitisch experimentierbereite Kommunen nach öffentlicher Ausschreibung vergeben. Bedingung der Vergabe von Mitteln aus dem nationalen Fonds ist, dass die Regionen zeitpolitische Umsetzungsgesetze erlassen. Darin legen sie Kriterien für Zeitpolitik und Zeitleitpläne in den Kommunen der Region, die den Bedingungen der jeweiligen Region Rechnung tragen, sowie Modalitäten der Mittelvergabe fest. Die Regionen schreiben öffentlich Mittel für die Aufstellung von Zeitleitplänen sowie für die Planung und Durchführung zeitpolitischer Projekte aus. Darum können sich die Kommunen und Kommunalzusammenschlüssen bewerben.

Das italienische Gesetz von 2000 begründet dadurch einen *doppelten Anreizmechanismus für kommunale Zeitpolitik.* Es reizt erstens die *Regionen* dazu an, Gesetze zur Förderung kommunaler Zeitpolitik in ihrer Region zu erlassen – denn nur dann können sie Mittel aus dem nationalen Fonds ziehen. Es ermutigt zweitens die *Kommunen (ggf. im Verbund),* Zeitleitpläne zu errichten und zeitpolitische Vorhaben auf den Weg zu bringen – denn nur dann erhalten sie (durch die Region aufgestockte) Mittel aus dem nationalen Fonds.
Dieses doppelte Anreizsystem scheint durchaus erfolgreich gewesen zu sein (Mareggi 2016). Die obige Abb. 1 zeigte, dass mittlerweile fast alle italienischen Regionen von der Regionalgesetzgebung Gebrauch gemacht haben.
Abb. 2 zeigte die große Verbreitung von Zeitleitplänen und zeitpolitischen Projekten in der Lombardei. Ich möchte dieses Fallbeispiel erläutern und dabei eine Vorstellung von der finanziellen Größenordnung der regionalen Förderung der kommunalen Zeitpolitik vermitteln. Die Lombardei verabschiedete 2004 das regionale Umsetzungsgesetz zum nationalen Zeitpolitik-Gesetz von 2000 (Regione Lombardia 2004):

- Dieses Gesetz stellt regionale Grundsätze für die kommunale Zeitpolitik auf (Art. 4).
- Es verpflichtet die Region und die ihr unterstellten Provinzen, diese Grundsätze in alle ihre Planungen einzubeziehen (Art. 2 Abs. 2 und 4).
- Den Kommunen wird die Erstellung von diesen Grundsätzen entsprechenden Zeitleitplänen auferlegt (Art. 2 Abs. 5).
- Für die Durchführung geeigneter zeitpolitischer Vorhaben erhalten sie finanzielle Beihilfen (Art. 6).
- Dazu erfolgt in gewissen Abständen wiederkehrend ein öffentliches Ausschreibungsverfahren durch die Region (Art. 6 Abs. 2).

Von den Vorkehrungen des Regionalgesetzes wurde lebhaft Gebrauch gemacht (Regione Lombardia 2010; Mareggi 2013 und 2016). Bislang gab es vier Ausschreibungen (eine erneute Ausschreibung folgt nicht in einem festen Zeitrhythmus, sondern immer dann, wenn die Vorhaben der letzten Ausschreibungsrunde abgenommen und evaluiert sowie abgerechnet sind). Bei den ersten beiden Ausschreibungen nach 2004 konnten erfolgreiche Kommunen für ihre zeitpolitischen Vorhaben (die auf 18 Monaten angelegt sein mussten, um evaluierbare Erfolge zu erzielen) bis zu € 200.000 an regionaler Unterstützung erhalten. 2012/13 erfolgten die vierte Interessenbekundung und Ausschreibung nach dem Regionalgesetz (Regione Lombardia 2012). Sie – wie schon die dritte Ausschreibung – lobt eine regionale Mittelzuweisung für zeitpolitische Vorhaben der Kommunen (mit Laufzeit von 18 Monaten) in Höhe von bis zu € 50.000 pro kommunales Projekt aus; regionale Zuschüsse dürfen maximal 80% der vorgesehenen Projektkosten abdecken.[43]

Diese mehrstufige italienische Gesetzgebung scheint überaus geeignet, das neue Politikfeld Kommunale Zeitpolitik zu entwickeln. Sie begründet Anreize, um auf kommunaler Ebene Konzepte zu entwickeln und praktisch zu erproben – das lombardische Gesetz betont den dabei verfolgten Grundsatz der Subsidia-

43 Die Angaben zu den finanziellen und organisatorischen Bedingungen dieses Fallbeispiels stammen, soweit sie nicht offiziellen Dokumenten zu entnehmen sind, aus einer Mitteilung von Prof. Marco Mareggi/Politecnico di Milano an den Autor vom 5. Mai 2016.

rität (Art. 3).[44] Und sie sorgt dafür, dass die kommunale Zeitpolitik regional unterstützt und ausgewertet und auf nationaler Ebene einem Vergleich zwischen Regionen zugänglich wird.

Kommunale Zeitpolitik muss auf mehreren Ebenen des politischen Systems berücksichtigt werden, um wirksam zu sein. Einmal sind Kommunen für Zeitpolitik auf Unterstützung und Austausch angewiesen. Zum Anderen werden zahlreiche Zeitprobleme von Menschen zwar in der Kommune erfahren – aber die zeitpolitischen "Hebel" zur Lösung dieser Probleme liegen in Entscheidungszentren jenseits der Kommune. Kommunen sind in territoriumsübergreifende Planungszusammenhänge einbezogen. Oftmals wird die Zeiterfahrung in der Kommune durch Strukturen beeinflusst, über die überörtlich entschieden wird. Dann hängt die zeitliche Lebensqualität der Bewohner der Kommune davon ab, ob sie auch in den überörtlichen Planungsprozessen adäquat berücksichtigt wurden.[45]

Die Planungsvollzüge der Kommunen sind in diejenigen von Regionen (z.B. der regionale Flächennutzungsplan der Städteregion Ruhr) und Ländern eingebunden (s. Staatskanzlei 2015, S. 195 ff.). Diese wiederum stehen im Kontext mit der Raumordnung des Bundes. Zahlreiche dieser territorialen Planungen stehen wiederum in Verbindung mit grenzüberschreitenden fachlichen Planungen – z.B. den europäischen Verkehrsnetzen.

Jede dieser Planungen unterliegt besonderen fachlichen Kriterien und je eigenen politischen Willensbildungsprozessen. Sie wirken sich oft – direkt oder indirekt – auf Alltage und Alltagszeiten von Menschen in der Kommune aus. Zeiten des Alltagslebens aber reflektieren sie durchweg nicht – oder wichten sie zumindest nicht als Beurteilungskriterium für die Planausarbeitung.

Es ist beim derzeitigen Stand der zeitpolitischen Diskussion unrealistisch anzunehmen, zeitpolitische Gesichtspunkte können auf all diesen fachlichen und territorialen Planungsprozessen präsent sein und geltend gemacht werden. Aber immerhin dürfte es in föderalen Systemen als möglich erscheinen, dass Zeitpolitik auch auf der nächsthöheren Ebene und ihrer Planung die Zeitgestal-

---

44 Art. 3 Abs. 2 unterstreicht die "vertikale" Subsidiarität – sie bezieht sich auf Kommunen und Kommunalzusammenschlüsse als eigentliche Urheber kommunaler Zeitpolitik. Art. 3 Abs. 3 unterstreicht demgegenüber die "horizontale" Subsidiarität, die sich auf die Einbeziehung nicht-staatlicher zivilgesellschaftlicher Akteure in das zeitpolitische Geschehen vor Ort bezieht. Beide Subsidiaritätsformen werden durch den geschilderten doppelten Anreizmechanismus gefördert und finanziell unterstützt.

45 Das Zeitbüro in Bremen-Vegesack wurde mit dieser Frage konfrontiert, als es den öffentlichen Personennahverkehr alltagsfreundlicher gestalten wollte. Dort spielte - als ein Zeitkonflikt - auch die Anbindung des Nahverkehrs an den Fernverkehr der Bahn eine Rolle. Klar wurde, dass damit die durch Länder abgestimmte Verkehrsplanung berührt war. S. die Darstellung bei Heitkötter (2006): S. 115-21 und 234-37.

tung der Menschen in den Kommunen systematisch berücksichtigt. So sieht es Art. 2 Abs. 2 und 4 des lombardischen Gesetzes von 2004 ausdrücklich vor.[46]

Fazit: Aus beiden mitgeteilten Gründen scheint für den Erfolg und die Effektivität kommunaler Zeitpolitik in Nordrhein-Westfalen erforderlich, dass das Land Nordrhein-Westfalen selbst Initiativen zur Verankerung und Förderung kommunaler Zeitpolitik unternimmt. Erstens werden Kommunen und deren Zusammenschlüsse nicht allein mit den inhaltlichen und Ressourcenanforderungen dieses neuen Politikfeldes fertig werden. Zweitens hängt die zeitliche Lebensqualität der Bewohner der Kommune oft davon ab, dass sie auch in den überörtlichen Planungsprozessen adäquat berücksichtigt werden. Beide Gesichtspunkte geben dem Land eine besondere Verantwortung für kommunale Zeitpolitik.

46 Man könnte sich vorstellen, den aktuellen nordrhein-westfälischen Entwurf für den Landesentwicklungsplan (LEP) vom 22. September 2015 (Staatskanzlei 2015) zum Gegenstand familienzeitpolitischer Analyse und Gestaltung zu machen. Der Entwurf wurde einen Monat vor dem Familienbericht (Oktober 2015) vorgelegt. Erst der Familienbericht hat für Nordrhein-Westfalen die Dringlichkeit familienbezogener zeitpolitischer Gestaltung dargetan und veranschaulicht. Dem müsste ein Akt der Raumordnungsplanung gerecht zu werden versuchen. Denn Raumordnung ist - nach einer Bundesverfassungsgerichtsentscheidung, die der LEP selbst zitiert (Staatskanzlei 2015, S. 195) – die "zusammenfassende, übergeordnete Planung und Ordnung des Raumes. Sie ist übergeordnet, weil sie überörtliche Planung ist und weil sie vielfältige Fachplanungen zusammenfasst und aufeinander abstimmt." (BVerfGE 3, S. 407 (425)) Da es in diesem Gutachten wesentlich um *kommunale* Zeitpolitik geht, kann diesem Gedanken nicht nachgegangen werden.

VI Schlussfolgerungen zu den vier Gutachtensfragen

Der Gutachtensauftrag spannt mit seinem Oberthema "(Familiale) Zeitpolitik und familienunterstützende Leistungen auf kommunaler Ebene in Nordrhein-Westfalen" und den vier präzisierenden Fragen einen weiten Bogen von Grundfragen kommunaler Zeitpolitik bis hin zu ihrer lokalen Implementation. Die vier präzisierenden Fragen sind insofern enger als das Oberthema. Sie setzen den Gegenstand (das Was? und Warum?) kommunaler Zeitpolitik i. W. voraus und wenden sich v. A. Implementierungsfragen (dem Wie?) zu. Dieser Logik entspricht, sie erst jetzt – nachdem ich insbesondere in Kapitel IV. den "state of the art" von lokaler Zeitpolitik wiedergegeben habe – zusammenhängend und im (z.T. auch wörtlichen) Rückgriff auf Darstellungen aus den vorherigen Kapiteln abzuhandeln. Wo die präzisierenden Fragen das Oberthema der kommunalen Zeitpolitik nicht explizit nennen (Nr. 2 und 3), interpretiere ich sie im Sinne dieses Oberthemas: Ich frage dann, inwieweit das zeitpolitische Know-how zu einer besseren Erreichung des mit der Frage angestrebten Ziels führen würde.

Die vier Fragen haben folgende Schwerpunkte.

- Frage 3 – mit der ich aus systematischen Gründen beginne – fragt generell nach den Integrations- bzw. Bündelungsmöglichkeiten zu Zwecken der (Familien-) Zeitpolitik in den bestehenden Strukturen kommunaler Verwaltung.
- Frage 1 stellt die Grundsätze lokaler Familienzeitpolitik sowie die Qualitätskriterien einer solchen Zeitpolitik und deren Evaluationsmöglichkeiten in den Vordergrund.
- Frage 2 konzentriert sich auf die – bestehenden oder zu schaffenden – Akteure für eine solche familienbezogene Zeitpolitik. Es geht dort um Netzwerkknoten oder das Modell einer zentralen Anlaufstelle für die vielfältigen Problemlagen und Fragestellungen von Familien in den Kommunen.
- Frage 4 legt den Fokus auf die Implementationsseite von Maßnahmen kommunaler Zeitpolitik und stellt dabei auf ihre Verbindlichkeit und Wirksamkeit ab.

Mit diesen Schwerpunkten werden die Fragen im Folgenden abgehandelt.

1. Lokale Zeitpolitik „aus einer Hand“ (zu Frage 3.)[47]

Ausgangspunkt der gemeindlichen Regelungsspielräume in Fragen familienbezogener Zeitpolitik ist die Selbstverwaltung der Gemeinden und Gemeindeverbände, die im Grundgesetz (Art. 28 GG), in der nordrhein-westfälischen Landesverfassung (Art. 78 Abs. 1 LV) und in der NRW-Gemeindeordnung (§ 1 Abs. 1, Satz 2 GO) garantiert ist. Demzufolge wird die freie Selbstverwaltung durch die von der Bürgerschaft gewählten Organe ausgeübt. Damit ist ein großer und flexibler Gestaltungspielraum für lokale familienbezogene Zeitpolitik gegeben.Dieser beinhaltet im Ausgangspunkt nicht nur, lokale Familienzeitpolitik zu einer Aufgabe kommunalen Handelns zu erklären und auszudifferenzieren, sondern auch die kommunale Organisationsstruktur, Ressortzuständigkeiten und Personalgestaltung, entsprechend dieser selbst auferlegten Aufgabe umzugestalten.

Die Verwaltung der Gemeinde wird zwar „ausschließlich durch den Willen der Bürgerschaft bestimmt“ (§ 40 Abs. 1 GO), dabei kommt aber dem Rat und dem Bürgermeister (in kreisfreien Städten: Oberbürgermeister) eine wesentliche Rolle zu. Dass hierbei der Rat das dominierende Organ ist, ergibt sich nicht nur daraus, dass dieser in nichtübertragbarer Weise für die Entscheidung von allgemeinen Grundsätzen, nach denen die Verwaltung geführt werden soll (§ 41 Abs. 1 a GO), für den Erlass, die Änderung und die Aufhebung von Satzungen und sonstigen ortsrechtlichen Bestimmungen (§ 41 Abs. 1 f G0) sowie abschließende Beschlüsse im Flächennutzungsplanverfahren usw. ist (a.a.O., g). Der Vorrang kommt auch darin zum Ausdruck, dass der Bürgermeister die Beschlüsse des Rats durchführt (§ 62 Abs. 2, Satz 2 GO). Demgemäß kommt dem Rat bei der Einführung und Ausgestaltung lokaler Familienzeitpolitik entscheidende Bedeutung zu, wohingegen dem Bürgermeister als Spitze der Verwaltung bei der Umsetzung und dem Monitoring von Ratsbeschlüssen über lokale Familienzeitpolitik entscheidende Bedeutung zukommt.

Das schließt nicht aus, dass in den einzelnen kommunalen Fachbereichen familienzeitgerechte Maßnahmen getroffen werden, auch nicht, dass solche zeitpolitischen Maßnahmen gemeinsam von mehreren Fachbereichen eingeführt werden. Nur müssen sie sich dabei im Rahmen bestehender Ratsbeschlüsse halten. Und bei Grundsatzentscheidungen über kommunale Zeitpolitik, auch

47 „Welche Gestaltungsspielräume ergeben sich auf kommunaler Verwaltungsebene unter Berücksichtigung der Aufgabenbereiche der öffentlichen Jugendhilfe und deren Organisationsstruktur (inklusive Jugendhilfeausschuss), um familiale Leistungen und Unterstützungsstrukturen in einem Amt bzw. auf einer Zuständigkeitsebene zu bündeln? Inwieweit können dabei Synergieeffekte geschaffen werden?“

bei Konflikten und Ungleichzeitigkeiten zwischen Fachbereichen, kommt es auf die genannte Entscheidungsstruktur an.

Gemeindliche Selbstverwaltung darf in Fragen lokaler Zeitpolitik wie in allen übrigen Fragen nicht höherrangigem Recht widersprechen. Der Vorrang höherrangigen Rechts macht sich auf dem Gebiet der lokalen Familienzeitpolitik, die zahlreiche ressortspezifische Aufgabenbereiche umfasst, in vielfacher Weise geltend. Der Aufgabenbereich etwa der Jugendhilfe ist bundesgesetzlich durch das SGB VIII geregelt, seine Aufgabenformulierungen und verwaltungsorganisatorischen Regelungen (wie etwa Jugendhilfeausschuss als eine Säule des Jugendamtes) stehen nicht zur Disposition nordrhein-westfälischer Gemeinden. Bei landesgesetzlichen Regelungen etwa des Schulwesens oder der Kindertagesbetreuung schmilzt der gemeindliche Gestaltungsspielraum auf Normkonkretisierung und -durchsetzung oder Politikformulierung im Rahmen des höherrangigen Rechts zusammen.

Dass Gemeinden einer kommunalen, auch auf Familien bezogenen Zeitpolitik Raum und Gestalt verleihen, ist von dem soeben umrissenen Vorbehalt nicht tangiert. Dagegen ist die institutionelle Ausgestaltung lokaler Zeitpolitik auf kommunaler Ebene in das genannte Normengeflecht eingebunden. Organe, die durch Landesrecht oder Bundesrecht bestimmt sind, können auf Gemeindeebene nur insoweit umgestaltet werden, als durch das höherrangige Recht selbst gestattet ist.

Dass auf Gemeindeebene z.B. ein Zeitbüro nach italienischem Zuschnitt errichtet und tätig wird, ist dadurch ebenso wenig ausgeschlossen, wie dass ein solches Zeitbüromit einem bereits existierenden Amt(etwa dem Amt für Statistik, wie in Bozen, oder dem Amt für Familien und Jugend, wie in Aachen) zugeordnet würde. Dieses Zeitbüro kann (wie etwa in Bozen) mit direktem Vortragsrecht bei dem zuständigen Beigeordneten oder dem Bürgermeister ausgestattet werden, damit die Durchschlagskraft zeitpolitischen Gestaltens nicht einer tradierten Ressortlogik unterliegt. Dieses Zeitbüro könnte aber nicht als ein den übrigen Ämtern (z.B. Jugendamt/Jugendhilfeausschuss) administrativ übergeordnetes Amt fungieren, da es dann u.U. mit höherrangigem Rechtsvorgaben (hier SGB VIII) kollidiert.

Dieser Vorbehalt setzt der Vorstellung einer lokaler Familienzeitpolitik „aus einer Hand“ formelle Grenzen, schließt sie aber keineswegs aus. Nur kann der transversale Charakter solcher lokaler Zeit- oder Familienzeitpolitik nicht durch ein bürokratisches Über-/Unterordnungsverhältniserzielt und eingelöst werden, sondern nur durch ressortüberreifende Kommunikation und Koordination zwischen Verwaltungsakteuren, deren Tätigkeit und Zuständigkeit sich auf dieselbe Lebenslage (z.B. Familien in ihren unterschiedlichen Formen) bezieht. Eine solche Koordination führt im Ergebnis zu einer abgestimmten Reaktion der kommunalen Verwaltung auf die zeitlichen Belange von Familien (insofern durchaus zu einer Gestaltung „aus einer Hand") – aber nicht im Wege einer„Entdifferenzierung der Verwaltung", sondern durch deren Abstimmung in ihrer „Differenziertheit".

Weiter kann diese Instanz „Zeitbüro" allerdings Reorganisationen im Bereich der übrigen kommunalen Verwaltung anregen, die dem Anliegen einer familienbezogenen Zeitpolitik „aus einer Hand" entsprechen. In der Praxis vieler Rathäuser hat sich bereits das Prinzip des Bürgeramts oder „Bürgerbüros" oder der "One-stop-agency" durchgesetzt.Dieser Reorganisationsprozess von Verwaltung besteht darin, dass Verwaltungsdienstleistungen zu einer solchen „aus einer Hand" und dass die Mitarbeiterqualifikationen ihnen entsprechend ausgedehnt werden – letzteres in der Weise, dass z.B. derselbe Mitarbeiter neben der Meldeamts-Tätigkeit weitere Verwaltungstätigkeiten erledigt: z.B. Hundesteuer, Anmeldungen, Wohngeld usw. (Beispiel BSC Bremen – s. Mückenberger 2012, S. 222-44). Eine vergleichbare Zusammenfassung von Verwaltungsdienstleistungen zu Dienstleistungen „aus einer Hand" kann auch mit dem Schwerpunkt lokaler Familienzeitpolitik erfolgen. Zu familiären „Lebenslagen" (wie Umzug, Zuzug o.ä.) können die familienbezogenen Dienstleistungen an einem Schalter gebündelt und nutzer/innenfreundlich angeboten werden.

Eine Verwaltungsreorganisation, die im Ergebnis durch mehr Verwaltungsdienstleistungen „aus einer Hand" für Familien deren Zeitengpässe reduziert, kann im Prinzip von Ressorts aus eigenem Antrieb (aufgrund von „Kundenorientierung") herbeigeführt werden. Die Erfahrung spricht aber dafür, dass Gewohnheit, Routine und begrenzte Zuständigkeit solche Innovationen nicht begünstigen. Es hat sich als günstig erwiesen, wenn in der Verwaltung selbst eine Instanz den Blick auf Zeit- und Lebenslagen von Bürgerinnen und Bürgern systematisch schärft und als Anforderung in die örtliche Verwaltung trägt.

Eine solche Instanz ist das Zeitbüro. Es stellt zugleich ein Bindeglied zwischen Politik und Verwaltung einerseits, Individuen und Familien, überhaupt der Zivilgesellschaft, andererseits dar. Insoweit istes Ansprechpartner für zeitliche Nöte betroffener Familien. Es vermittelt solche zeitlichen Anliegen in die zuständigen Ressorts, regt u.U. ressortübergreifende Lösungswege an und koordiniert sie und vermittelt den betroffenen Bürgerinnen und Bürgern Informationen und Lösungswege zurück. Es fungiert sozusagen als "Antenne", als „Sensor" und ggf. Ideengeber sowohl im Verhältnis zwischen Verwaltungsressorts als auch im Verhältnis zwischen örtlicher Verwaltung und Zivilgesellschaft.

Man sieht, dass die Verwaltungsspielräume für Gestaltungen, die Zeitnöten von Familien, aber auch von Menschen allgemein, lindern oder den Zeitwohlstand erhöhen können, beachtlich sind und wohl noch viel zu wenig genutzt werden.

2. Qualitätskriterien lokaler Familienzeitpolitik (zu Frage 1.)[48]

Kommunale Zeitpolitik steht in einem Spannungsverhältnis zu den Organisationsstrukturen der örtlichen Verwaltung. Sie knüpft an Lebenslagen in ihrem jeweiligen Sozialraum an, die ganzheitlich angelegt sind. Kommunale Verwaltung ist nach Ressorts organisiert und kann außerhalb des Ressorts liegende Umstände und Bedingungen in der eigenen Verwaltungspraxis nur begrenzt wahrnehmen und berücksichtigen. Das macht die Dringlichkeit der Frage aus, wie sich zeitpolitische Anliegen in die Organisationsstruktur und Praxis kommunaler Verwaltung integrieren lassen.

Ausgangspunkt ist der Lebenslagenansatz. Ermittelt und analysiert werden dabei familiäre Lebenslagen (wieansatzweise im Falle der nordrhein-westfälischen Familienzentren, der Familienbüros oder auch den skandinavischen Family-Centers) oder Aspekte davon – etwa die Familie im Umzug (Fall Erfurt) oder im Zuzug als Neubürger (zahlreiche nordrhein-westfälische und andere Fälle) oder z.B. Schulkinder auf dem Schulweg (Fall Bozen) oder bei ausfallenden Schulstunden, die studentische Rentrée-Universitaire-Situation (Fälle Poitiers und Straßburg) oder der Lebenszusammenhang Erwerbstätiger (wie bei städteplanerischen Konzepten der Nutzungsmischung oder der „Stadt der kurzen Wege“).

Jede dieser Lebenslagen oder Aspekte davon sind für die Menschen eine Einheit, betreffen aber verwaltungsseitig verschiedene Ressorts wie Bildung, wie Soziales, wie Innenressort, wie Bauressorts und werden von diesen jeweils unter ressortspezifischem Blickwinkel behandelt. Das schließt die Gefahr von Unabgestimmtheit oder gar Widersprüchlichkeiten ein. Zeitpolitik knüpft an der Einheit von Lebenslagen an und versucht, die Unabgestimmtheit und Widersprüchlichkeiten zu vermeiden und eine präzise ganzheitliche Antwort auf die mit der jeweiligen Lebenslage verbundenen zeitlichen Probleme und Gestaltungsfragen zu geben.

Organisationsformen für lokale Zeitpolitik müssen immer beidem Rechnung tragen: Der notwendigen Ganzheitlichkeit der Lebenslagen *und* der Ressortspezifik der kommunalen Verwaltung. Die Kommunen müssen – und können – dem durch zweifache Vorkehrungen Rechnung tragen.

- Sie müssen den lebenslagenbedingten zeitlichen Problemen folgend in Kommunikation miteinander treten und kooperieren, um das lebenslagenbedingte Problem gemeinsam zu lösen. Die Erfahrung lehrt allerdings, dass

48 „Auf welche Weise und mit welchen Qualitätskriterien können bestehende kommunale Verwaltungsstrukturen, lokale Netzwerke, Bündnisse oder Anlaufstellen zur zeitsensiblen Ausrichtung der kommunalen Familienpolitik beitragen oder erfüllen sie dieses Ziel bereits?“

Ressorts nicht die Lebenslage im Blick haben, sondern ihren ressortspezifischen Teil davon. Deshalb sehen sie i.d.R. keinen Anlass zu ressortübergreifender Kooperation.

– Nach aller Erfahrung bedarf diese ressortübergreifende Kooperation einer externen Intervention. Diese Intervention geschieht zuweilen durch politisch Verantwortliche oder durch aufbegehrende betroffene Bürger/innen, die jeweils auf das zu bewältigende Problem aufmerksam machen. M.E. bedarf es einer fachlich kompetenten und durchsetzungsfähig in die Verwaltung eingebundenen Instanz, um 1. überhaupt die zu bewältigenden zeitlichen Lebenslagen zu ermitteln, 2. die für ihre Bewältigung zuständigen Akteure in der Verwaltung und im privaten Bereich zu ermitteln und 3. diese zu einer Kooperation zu bewegen. Man kann diese Instanz "Zeitbüro" nennen oder ihr einen anderen Namen geben. Das ändert nichts an der Notwendigkeit einer Instanz, die kompetent und durchsetzungsfähig genug ist, um zeitliche Problemlagen im Lebenszusammenhang zu identifizieren und zu bewältigen bzw. dies auf den Weg zu bringen.

Zu den zeitpolitischen Qualitätskriterien und der ihr entsprechenden Evaluierungsmethode habe ich einen wissenschaftlichen Ansatz vorgelegt (Mückenberger 2012). Als Oberkriterium für die Qualität zeitpolitischer Maßnahmen ist die Steigerung der zeitlichen Bedingungen von Lebensqualität anzusehen (auch als Zeitwohlstand oder Zeitsouveränität bezeichnet). Dafür bieten die mitgeteilten Bewertungen der jüngsten Familienberichte des Bundes und Nordrhein-Westfalens hinreichendes Beweismaterial.

Dieses Oberkriterium weist Unterkriterien auf und ist – indem diese Unterkriterien zu Indikatoren heruntergebrochen werden – Evaluationsmaßnahmen zugänglich. Nach derzeitigem Forschungsstand bestehen fünf solcher Unterkriterien (dazu Mückenberger 2012: S. 93-110).

1. Steigert die Maßnahme die Selbstbestimmungsfähigkeit der Individuen oder Familien über ihre Lebenszeit oder schränkt sie sie ein?
2. Gelten die ermittelten Zeitwohlstandsgewinne für alle Menschen gleichermaßen – oder gelten sie nur für einzelne Gruppen (nach Geschlecht, Ethnie o.Ä.) und diskriminieren andere?
3. Entwerten die zu evaluierenden Maßnahmen bestimmte Zeiten der sie betreffenden Personen?
4. Tragen die Maßnahmen zur Fähigkeit der Menschen, ihren Alltagszeiten Sinn zu verleihen (im Sinne von Zeitkompetenz) bei oder erschweren sie Zeitkompetenz?
5. Bieten die zu beurteilenden Maßnahmen den Individuen und Gruppen einen Zuwachs „gemeinsamer Zeiten“ (im Sinne von Familien-, Bezie-

hungs-, Vereins- oder Gemeindezeiten) oder vereinzeln und „parzellieren" sie die Zeiten der Individuen.

Diese fünf Unterkriterien – und die auf ihnen beruhenden Indikatoren – stehen nicht völlig gleichberechtigt nebeneinander. Das erste Unterkriterium, das Selbstbestimmungsrecht von Individuen, Familien und Gruppen über die eigenen Alltagszeiten ist das übergreifende Kriterium. Aber die weiteren vier bieten zumindest geeignete Anhaltspunkte für die Erreichung oder Verfehlung des Oberziels.

Diese fünf präziseren Kriterien und ihre Operationalisierung zu Indikatoren haben sich für Zwecke wissenschaftlicher Evaluation als tauglich erwiesen. Darauf wird in diesem Zusammenhang nicht näher eingegangen.

Gefragt ist auch, ob bestehende kommunale Verwaltungsstrukturen und -netzwerke in ihrer familienpolitischen Gestaltung diese Kriterien bereits erfüllen. Dazu kann nicht abschließend Stellung genommen werden, da die Beantwortung einer empirischen Untersuchung bedürfte. Vieles spricht dafür, dass bestehenden familienunterstützenden Leistungen in Nordrhein-Westfalen bürgernah und in lebhafter Kooperation zwischen öffentlichen und privaten Trägern erfolgen. Die zeitliche Komponente der Lebensqualität und der darauf bezogene Lebenslagenansatz scheinen aber derzeit noch nicht thematisiert und gefördert zu werden. Anders lassen sich die insoweit eindeutigen Befunde des Familienberichts nicht erklären. Für eine auf zeitliche Lebensqualität gerichtete lokale Praxis scheinen derzeit noch der synthetisierende Blick und das Instrumentarium zu fehlen.

3. Bürgernahe Netzwerkknoten und zentrale Anlaufstellen (zu Frage 2.)[49]

Für die Bündelung von Verantwortlichkeiten, Aufgaben und Ressourcen von familienunterstützenden Leistungen in der Kommune liefert auch der derzeitige zeitpolitische Erkenntnisstand überzeugende Argumente und Beispiele. Überall in der Kommune treffen – wie schon betont – die lebenslagenorientierte zeitli-

49 „Wie kann unter Berücksichtigung der zahlreichen Modellprojekte für familiengerechte Kommunen in Nordrhein-Westfalen eine zentrale Anlaufstelle oder sozialräumliche bzw. akteursbezogene Netzwerkknoten im Sinne von Kümmerern für die vielfältigen Problemlagen und Fragestellungen von Familien in den Kommunen geschaffen werden? Erfordern die ländlichen und städtischen Räume Nordrhein-Westfalens unterschiedliche Lösungsansätze und falls ja, welche? Welche Hürden bestehen derzeit für Familien, um unterstützende Maßnahmen, Leistungen und Beratungen auf kommunaler Ebene in Anspruch zu nehmen? Wie kann hierbei an vorhandene Ressourcen und bestehende private soziale Netzwerke von Familien ideal angedockt werden und welche Akteure müssen hierbei berücksichtigt werden?"

chen Anliegen auf öffentliche und private Akteure, die Lebenslagen von Nutzer/innen ihrer jeweiligen Dienstleistungen unter einem spezifischen Blickwinkel (einer "Binnenlogik", einem Sonderinteresse) betrachten und behandeln und dadurch – obwohl besten Willens – aneinander vorbei agieren. Aus nachvollziehbaren Gründen verteidigen öffentliche und private Dienstleistungs-Akteure "ihr Terrain" gegen Eingriffe anderer Akteure. Daher hat der Bündelungsgedanke (allerdings nur, wenn er an hoher Stelle in der Verwaltung angesiedelt ist – dazu bei Frage 4. mehr) Vieles für sich.

Gleichwohl ist hier zu differenzieren. Örtliche Zeitpolitik verlangt nicht nur Zentralisierung, sondern oft gerade auch Dezentralisierung von Verantwortung. Dieser Gedanke spielt auch bei der zeitpolitischen Beurteilung der "Bündelung" familienunterstützender Leistungen eine Rolle. Bündelung darf nicht mit Zentralisierung solcher Leistungen gleichgesetzt werden (etwa beim Jugendamt, dem kommunalen Familien- oder Sozialressort). Die Bündelung von Leistungen wird vielmehr – je nachdem, ob diese auf dezentraler oder zentraler Ebene innerhalb der Kommune erbracht werden – eine unterschiedliche Formannehmen.

So haben personenbezogene Dienstleistungen – um die es im Zusammenhang mit kommunaler Familien-Zeitpolitik häufig geht – direkt mit Lebenslagen zu tun, sind oft "körpernah". Sie verlangen die "Kopräsenz" und Zusammenarbeit von Dienstleistungsgebern und -nehmern (was ihre Anwesenheit und Mitwirkung zur gleichen Zeit am selben Ort voraussetzt). Die Eigenart dieser zeitpolitisch bedeutsamen Dienstleistungen verlangt zeitpolitische Strategien der Kooperation und Vernetzung direkt "vor Ort" (z.B. in Stadtteilen, Quartieren, Nachbarschaften). Das kann je nach zu bearbeitender Lebenslage zur Vernetzung höchst unterschiedlicher Akteure führen: privaten (wie freien Trägern der Jugendhilfe oder Vereinen) und öffentlichen (wie Schulen, Kirchengemeinden, Polizei, Ämter etc.). Bündelung und Zentralisierung von Verantwortung kann diese Strategien nicht ersetzen, ohne den Erfolg der zeitpolitisch orientierten Dienstleistung selbst in Frage zu stellen.

Wie in Kap. V an Familienzentren skizziert wurde, ist diese Art der Vernetzung in Nordrhein-Westfalen in Kindertageseinrichtungen weit vorangeschritten. Die Zusammenfassungen von familienbezogenen Dienstleistungen durch Bildung, Betreuung und Beratung führt zu einem "ganzheitlichen und verlässlichen Konzept". Von zeitpolitischem Interesse sind Lebenslagen- und Sozialraumorientierung, die am Familienzentren-Konzept deutlich und praktisch werden.

Dass denkbar ist, dieses Konzept zeitpolitisch weiterzuentwickeln, wurde bereits erwähnt. Erwogen werden könnte, das ganzheitliche Konzept auf den Bereich von Grundschulen zu erstrecken und so zum Sozialraum geöffnete Lernnetzwerke in Gestalt von "community knowledge centres" oder "sozialräumlichen Bildungslandschaften" sowie die Verbindung von Präventionsnetzwerken (z.B. Schulen, Betreuungsinstitutionen, Polizei und Gemeinden) und Lernnetzwerken (so z.T. die niederländische "Vensterschoolen") zu stärken oder herbeizuführen versuchen. Auch die skandinavischen Erfahrungen mit "Family Centres" als Gesundheitsnetzwerken könnten fruchtbar gemacht werden, denn Gesundheit ist wie Bildung und soziale Kohäsion Bestandteil von Lebenslagen- und Sozialraumorientierung. Das Zeitpolitische ist an diesen Neuerungen die „Kopräsenz“ öffentlicher und privater Dienstleister am Ort und zu dem Zeitpunkt, wo die zu bewältigende menschliche Lebenslage auftritt.

Auf der zentralen Ebene der Kommune wird es, wie in Kapitel V.2. dargelegt, weniger um direkte personenbezogene Dienstleistungen, sondern eher um strategische und rechtliche Entscheidungen, um Beratung und um Planung solcher Dienstleistungen und andere Leistungen (Bau, Verkehr etc.) gehen. Dass sich dort zeitpolitische Anforderungen anders stellen, wurde oben am den Beispielen der Familienbüros und der "One-stop-agencies" veranschaulicht. Das zeitbezogene Problem für den „Kunden“ ist hier oft nicht der *Inhalt* des erstrebten Verwaltungsvorgangs, sondern dessen *Zeitlage und Dauer*. Zeitpolitisches Ziel bei Behördengängen ist deshalb häufig nur, dass der Kunde mit seinem Anliegen rasch und mit einem Behördengang zum Ziel kommen kann.

Im Zeichen des "E-Governments" ist dieses Postulat mittlerweile vielfach eingelöst durch die Kombination der Erledigung von Verwaltungsvorgängen im Internet mit der telefonischen Beratung darüber, welche Dokumente mitzubringen sind, und mit der telefonischen Vereinbarung eines verlässlichen Termins mit dem Sachbearbeiter. Dem Lebenslagenansatz entspricht, dass manche Bürgerämter darüber hinaus ihre Räumlichkeiten für andere öffentliche oder private Institutionen (wie freie Träger, Verkehrsbetriebe, Freiwilligenagentur)öffnen, um so die Verwaltungstätigkeit mit weiteren der jeweiligen Lebenslage entsprechenden Informationen und Kontaktmöglichkeiten zu verbinden.

Einen zeitpolitisch interessanten Fall familienpolitischer Leistungen auf kommunaler Ebene stellen in Nordrhein-Westfalen die in Kapitel V.2. umrissenen Familienbüros dar, die als Lotsen durch die Vielfalt der verfügbaren Leistungen führen und das Angebot durchsichtig und erreichbarer machen. Für eine Strategie kommunaler Zeitpolitik in Nordrhein-Westfalen dürften Familienbüros eine entwicklungsfähige Instanz sein, da sie an Lebenslagen und Sozialräumen orientiert sind und – als Konsequenz daraus – ein Bild von politischen Handlungsbedarfen haben. Sie könnten ein Andock-Punktauch für zeitliche Bedarfslagen werden, die nicht familienpolitisch im engeren Sinne sind. Um sich der Funktion von "Zeitbüros" anzunähern, müssten Familienbüros neben ihrer Funktion nach innen (zu den zu beratenden Menschen und Familien) ihre strategische Funktion nach außen stärken: In die Politik, in die Verwaltung (z.B. die Stadtplanung, die für menschengerechte Sozialräume zuständig ist) und Öffentlichkeit der Kommune. Ziel wären die Verankerung und der Ausbau lebenslagenorientierter Zeitpolitik in der Kommune.

Eine dritte Form, in der sich eine zeitpolitisch inspirierte Bündelung von Erfahrungs-, Entscheidungs- und Akteurskonstellationen geltend macht, wurde im Text (Kap. V.3) an der Kinder- und Jugendhilfe verdeutlicht. Dort verbinden sich die dezentrale Behandlung alltäglicher Lebenslagen in ihrer zeitlichen Gestalt "vor Ort" (in Quartieren, Stadtteilen, Ortschaften, Bezirken etc.) mit ihrer zentralen Behandlung durch Instanzen, die entscheidungsbefugt und -kompetent sind.Wir beobachteten in der Jugendhilfeplanung eine synthetisierende Art der Zukunftsgestaltung mit drei Vernetzungsbeziehungen: solchen "vor Ort" mit seinen Lebenslagen und Sozialräumen; solchen auf Entscheiderebene, die über wesentliche, auch zeitliche Parameter von Lebenslagen und Sozialräumen befindet; und der Vernetzung zwischen Beidem.

Alle drei "Bündelungserfordernisse" werden in der zeitpolitischen Diskussion gesehen. Sie haben bislang oft dazu geführt, für zeitpolitische Aushandlungsprozesse (vor Ort – auf Entscheiderebene – zwischen Beiden) besondere zeitpolitische Institutionen einzurichten, die Anstöße für die erforderlichen Bündelungen geben können. Ein mit der Kinder- und Jugendhilfe verbundenes Zeitbüro wäre vermutlich in der Lage, nicht nur die Bedarfe junger Menschen z.B. nach öffentlichem Raum – etwa in städtischen Grünzügen – wahrzunehmen und mit Stimme auszustatten. Es würde zugleich diese Bedarfe in den öffentlichen und politischen Raum hineinvermitteln und damit die Chance erhöhen, dass sie sich auf der Entscheiderebene und in Stadtplanungsprozessen geltend machen können. Das wäre in anderem Gewande die "strategische" Funktion, die bei Familienbüros erörtert wurde.

Der Bündelungsgedanke erweist sich also durchgängig als richtungsweisend. Jedoch bedarf er zeitpolitisch betrachtete sehr unterschiedlicher Form, je nachdem auf welchen Gegenstand und welche Akteurs-Ebene sich die familienunterstützenden Maßnahmen oder Entscheidungen beziehen.

Zeitpolitik im ländlichen Raum:

Die bislang angestellten Überlegungen gelten überwiegend für den städtischen Bereich und vernachlässigen Sonderbedingungen einer lokalen (Familien-)Zeitpolitik in kleineren Gemeinden, in Kreisen und im ländlichen Bereich. Das entspricht der bisherigen Praxis (und deren wissenschaftlicher Aufarbeitung) in Deutschland und anderswo, die Zeitpolitik durchweg als „Zeiten der Stadt“ durchdachte und behandelte. Im ländlichen Bereich bestehen durchaus Situationen und Lebenslagen, die der lokalen Familien- und Zeitpolitik dringend bedürfen. Das gilt besonders hinsichtlich des *Zugangs* (der *Erreichbarkeit*) zu Gesundheits-, Bildungs- und kulturellen Dienstleistungen. Mit einer solchen Zeitpolitik dürfte eine Vielzahl ländlicher Gemeinden überfordert sein – mehr als der urbane Bereich sind sie auf übergemeindliche Zusammenarbeit, Kreise, Bezirksregierungen, Landschaftsverbände und das Land angewiesen.

Aus zeitpolitischer Sicht sind nicht so sehr die Lösungsansätze für ländliche und städtische Räume prinzipiell zu unterscheiden, vielmehr die lebenslagenspezifischen Probleme. Die *Erreichbarkeit* lebenslagenbezogener Dienstleistungen stellt sich aufgrund örtlicher Entfernung von Anlaufpunkten im System zentraler Orte (Staatskanzlei 2015, S. 16 ff. und 23 Abb.1). Erreichbarkeit von Dienstleistungen wird im Zeitalter der Digitalisierung – wie schon bei den „One-stop-agencies" abgehandelt wurde – insofern verändert, als manche Wege durch Internet-Nutzung vermieden oder verringert werden können. Das Instrumentarium der Bürgerbüros (elektronische Erledigung; telefonische Vorausknfte, die erlauben, dass der Vorgang mit einem Behördengang erledigt werden kann; telefonische Vereinbarung eines verlässlichen Termins) gilt insofern auch und gerade für die ländliche Bevölkerung. Es stellt sich dann allenfalls die zusätzliche Frage nach Hilfen zur Überwindung von Hindernissen im Umgang mit digitalen Technologien und Informationen.

Wo Dienstleistungen die „Kopräsenz" von Dienstleistungsnehmern und -gebern verlangen – das wird bei personenbezogenen, körpernahen Dienstleistungen der Regelfall bleiben –, stellt sich die Frage der „Erreichbarkeit" und des dafür erforderlichen Zeitaufwandes als Frage der *geographischen Mobilität.* Diese muss nicht zwangsläufig Mobilität der *Dienstleistungsnehmer*, es kann auch diejenige der *Dienstleistung* selbst sein (man erinnere sich des Mottos eines Bürgerbüros: „Bei uns laufen die Akten, nicht die Bürger.") So wie „aufsuchende" Sozialarbeit schwer „erreichbare" Klienten zu erreichen versucht, so gibt es mobile Dienstleistungen, die den Ort der Nutzer aufsuchen, um diesem die Erreichbarkeit der Dienstleistung zu erleichtern. Die mobile Melde- oder Ausländerbehörde z.B. bietet zeitweise ihre Dienstleistung dort an, wo Menschen sich gerade sammeln, die dieser Dienstleistung bedürfen (z.B. auf dem abgelegenen Uni-Campus, bei der Flüchtlingsunterkunft oder im Dorf). Die mobile Stadtbibliothek bietet ihr gutes Sortiment zeitweise dort an, wo sich Leser befinden. Im ländlichen Bereich dürften „aufsuchende" Formen der Erbringung von Dienstleistungen, die auch mobilitätsgehinderten Personen zugutekommen, besonders wichtig sein. Sie sind zeitpolitisch bedeutsam, weil sie u.U. den Zeit- (und Fahr-) aufwand vieler Nutzer durch den Zeit- und Fahraufwand eines oder weniger Dienstleister/s ersetzen.

Im Übrigen ist die Erreichbarkeit von Dienstleistungen im ländlichen Bereich eine Frage der geographischen Mobilität der Dienstleistungsempfänger/innen. Dabei ist für die zeitlichen Bedingungen von Lebensqualität das ÖPNV- sowie Straßennetz bedeutsam. Das nordrhein-westfälische ÖPNV-Gesetz setzt hier hohe Maßstäbe für die Problemlösung. Es legt in § 2 Abs. 5 eine "Verbindung zwischen Gemeinden entsprechend ihren zentralörtlichen Verflechtungen" fest und führt in Abs. 7 "bei geringer Nachfrage die Möglichkeiten alternativer Bedienungsformen wie Rufbusse, Sammeltaxen und Bürgerbusse" ein. In Westeuropa sind bereits zahlreiche zeitpolitische Modellversuche mit elektronischer Sammeltaxivermittlung erfolgreich abgeschlossen – sie fanden durchweg im schwach besiedelten Raum statt. Zudem trägt das ÖPNV-Gesetz in § 2 Abs. 9 "den spezifischen Belangen von Frauen und Männern, Personen, die Kinder betreuen" Rechnung. Wie effektiv diese Absichtserklärungen sind, entzieht sich meiner Kenntnis. Aber dass sie den Weg für zeitpolitisch adäquate Lösungen weisen, scheint klar zu sein.

Auch die Dorfentwicklung selbst bietet Ansatzpunkte für zeitpolitische Gestaltung. Die Infrastruktur (z.B. Betreuung, Bring- und Holdienste) und die Kommunikationschancen im Dorf (z.B. Bürgerhäuser, Volkshochschul-Zweigstellen) können so attraktiv sein, dass eine „fliehende" Mobilität sich erübrigt. Ein plastisches Beispiel: In der Aula der Universität Graz fand vor kurzem eine Vortragsveranstaltung über kommunale Zeitpolitik statt, die sich in ihrer Ausgestaltung als „Modellversuch kommunaler Zeitpolitik im ländlichen Raum" entpuppte. Der Vortrag wurde in Kooperation mit 19 kleineren Gemeinden und Dörfern im Umkreis von Graz in Bürgerhäuser übertragen. Die Standleitung erlaubte die Video-Wiedergabe des Vortrages und aller Diskussionsbeiträge aus den ländlichen Bürgerhäusern. So nahmen an der zeitpolitischen Veranstaltung neben den etwa 500 Besuchern der Aula der Universität etwa gleichviel Teilnehmer im ländlichen Raum teil – ohne jeden Zeitverlust und CO^2-Ausstoß. Digitale Technologien dürften zahlreiche weitere solcher Vorhaben ermöglichen.

Der LEP-Entwurf (Staatskanzlei 2015) widmet dem ländlichen Raum große Aufmerksamkeit. Inwieweit das „Dorfinnenentwicklungskonzept" (DIEK) und/oder das „Integrierte kommunale Entwicklungskonzept" (IKEK) (dazu MKULNV 2016) auch zeitpolitisch bedeutsame Abhilfe bieten, wäre gesondert zu eruieren.

Einen gewissen Lösungsansatz für Zeitpolitik im ländlichen Raum bietet das italienische Zeitpolitik-Gesetz von 2000 (s. oben Beispiel 8). Dieses beschränkte die Pflicht zur Errichtung von Zeitbüros und zur Einbeziehung der Zeitkomponente in die Flächenpläne auf Gemeinden über 30.000 Einwohner und sah für die übrigen kleineren Gemeinden gemeindeübergreifende Kooperationen vor. Dort wurde mit Blick auf ländliche Transportbedingungen, die vielfach die Voraussetzung für den Zugang zu Gesundheits-, Bildungs- und kulturellen Dienstleistungen bilden, der erwähnte zeitpolitische Lösungsweg gefunden: Elektronisch koordinierte Ruftaxisysteme, die eine flexible und effektive Beförderung nach Alltagszeitanliegen der Nutzer erlaubten.

Für das Land Nordrhein-Westfalen bietet sich an, die Möglichkeiten, die sich mit dem Gesetz über kommunale Gemeinschaftsarbeit (GkG) bieten, daraufhin auszuloten, inwieweit sie kleineren Gemeinden die gemeinsame Erfüllung familienbezogener zeitpolitischer Maßnahmen erlauben (vgl. § 3 Abs. 5 GO). Gemeinden können sich auch in zeitpolitischer Absicht zu kommunalen Arbeitsgemeinschaften zusammenschließen (§ 2 Abs. 1 Satz 1 GkG) und entsprechend zusammenwirken. Die Bedingungen einer entsprechenden zeitpolitischen Praxis sind aber noch weitgehend unbekannt – insofern wäre Neuland zu betreten.

Hürden bei der Inanspruchnahme familienbezogener Leistungen:

Zur Klärung der Frage nach den Hürden der Inanspruchnahme familienpolitischer Leistungen der Kommunen wären eigene empirische Forschungen notwendig. Zeitpolitisch gesehen kann man lediglich feststellen, dass der in der überkommenen Verwaltung erforderliche Zeitaufwand für Bürger bzw. Familien, um zu einer Entscheidung über eine Maßnahme zu gelangen, in der Tat ein reales Hindernis war, rechtlich zustehende Leistungen tatsächlich zu erlangen. Insofern stellt der mit der One-stop-agency vorgestellte Modernisierungstyp von Verwaltung einen Schritt dar, die zeitlichen Hürden zur Inanspruchnahme auch familienpolitischer Leistungen zu senken. Bekannt sind auch weitere Hürden – etwa Scham bei der Annahme von Hilfeleistungen oder sozial unterschiedliche Schwierigkeit beim Umgang mit geschriebenen Regeln und Formularen. Im Zeitalter der Digitalisierung stellt sich hier noch das Problem des Internet-Analphabetismus bestimmter Bevölkerungsgruppen.

4. Erfolgversprechende Organisationsformen lokaler Zeitpolitik (zu Frage 4.)[50]

Lokale Zeitpolitiken bedürfen (so die erste der in IV. 6. mitgeteilten Grunderfahrungen) einer ausgewogenen Verbindung von Ziel- und Ressourcenvorgaben („top-down") und unmittelbarer Betroffenen- (stakeholder-) Beteiligung („bottom-up"), um nachhaltig wirksam zu sein. Bloße top-down-Ansätze laufen rasch aus, bloße bottom-up-Ansätze finden keine Nachhaltigkeit. Ein Grund für diese Notwendigkeit (so die zweite Grunderfahrung) ist die Gefahr, dass Zeit-

50 „Wie lassen sich in Nordrhein-Westfalen unter Berücksichtigung des italienischen Aspekts „Zeitpolitik als Verwaltungsakt" auf kommunaler Ebene welche zeitlichen Unterstützungsmaßnahmen für Familien implementieren? Wie müssen solche zeitliche Unterstützungsmaßnahmen kommunal verankert werden, damit sie Verbindlichkeit erhalten? Wo sollten solche zeitlichen Unterstützungsmaßnahmen auf kommunaler Verwaltungsseite angesiedelt sein, um Wirksamkeit entfalten zu können?"

politik (also ganzheitliche, lebenslagenbezogene Politik) durch „Departementalisierung“ zerbröselt und Beharrungskräften und Partialinteressen in Ressorts, Verbänden, Wirtschaft unterliegt. Deshalb muss die legitimierte Spitze der Kommune Überzeugungs- und Durchsetzungskraft für diesen neuen Politiktyp, wenn er denn gewollt wird, vorhalten. Wie dies versucht wird, wurde in Kap. V. 2 erörtert und am Beispiel der italienischen Kommunalverfassungsreform von 1990 (Beispiel 5) sowie der Städte Bozen (Beispiel 6) und Aachen (Beispiel 7) veranschaulicht.

Dem Bürgermeister eine Garanten-Funktion für lokale Zeitpolitik zuzuweisen, war der Regelungszweck in Art. 36 der italienischen Kommunalreform von 1990. Es entspricht zwar nicht deutscher Kommunalverfassung, dem Bürgermeister eine solche entscheidende Rolle zuzuweisen. Bei uns sind der Rat für solche politischen Willensbildungsprozesse und der Bürgermeister für Vorbereitung und Durchführung der Ratsbeschlüsse aufgerufen (§§ 41 Abs. 1 S. 1, 62 Abs. 2 S. 1 und 2 GO). Diese obersten gewählten Instanzen können aber auch in Deutschland – soweit sie vorrangiges Bundes- und Landesrecht beachten – in zeitpolitischen Fragen entscheiden. So haben es Rat und Oberbürgermeister im Falle der Stadt Aachen gehalten. Bei Grundsatz- und Umsetzungsentscheidungen über kommunale Zeitpolitik ist eine Beschlussfassung des Rates im Zusammenwirken mit dem Bürgermeister (so das Aachener Beispiel) ungeteilt zu befürworten.

Damit allein ist das Problem effektivitätssichernder Anbindung der Zeitpolitik in der Kommune nicht gelöst. Auch wenn Ratsbeschlüsse unter Mitwirkung des Bürgermeisters das zeitpolitische Geschehen absichern, ist noch nicht entschieden, wie der alltägliche verwaltungsmäßige Umgang mit Zeitpolitik zu organisieren ist, um ihre Wirksamkeit zu sichern. Zeitpolitik direkt beim Bürgermeister anzusiedeln, kann wohl weder in großen noch in kleinen Gemeinden die Lösung sein. Der Bürgermeister kann wohl Grundsatzentscheidungen auf diesem Gebiet betreiben und unterstützen. Aber das Amt ist mit zeitpolitischer Tagesarbeit nicht belastbar. Auch stellt Zeitpolitik keine im Rathaus angesiedelte „Oberpolitik“ dar, der sich die ressortangesiedelten Fachpolitiken unterzuordnen hätten. Zeitpolitik ist zwar „Querschnittspolitik“. Gerade weil sie vielfach die Kompetenzbereiche vieler Fachpolitiken (Stadtplanung, Wirtschaft, Soziales, Gleichberechtigung usw.) berührt, muss sie mit diesen aber auf kommunikative Weise, also „auf gleicher Augenhöhe“ koordiniert werden. Ein Über-/Unterordnungsverhältnis wäre dieser Koordination eher abträglich als förderlich.

Somit kommt m.E. für nordrhein-westfälische Verhältnisse nur folgende Lösung in Betracht. Für Zeitpolitik wird eine Ressortzuständigkeit auf strategischer Ebene (Beigeordnete/r?) begründet. Beim federführenden Ressort wird auf operativer Ebene die für die Zeitpolitik im Rahmen der einschlägigen Vorgaben des Rats zuständige Stelleangesiedelt ("Zeitbüro"). Dieses betreibt Maßnahmen familienbezogener oder allgemein bürger/innenbezogener Art im eigenen Zuständigkeitsbereich und in Kooperation mit anderen Ressorts. Dem federführenden Ressort wird ein hochrangiges ressortübergreifendes Steuergremium an die Seite gestellt, dem im Normalfall der Ressortleiter (ggf. Beigeordnete/r?), im Konfliktfall ggf. der Bürgermeister vorsitzt. Sowohl das federführende Ressort als auch das Steuergremium sind gebunden an zeitpolitische Grundsatz- und Umsetzungsbeschlüsse des Rats. Insofern verbleibt eine Garantenfunktion des durch Ratsbeschlüsse legitimierten Bürgermeisters. Mit dieser Organisationsstruktur ist vereinbar und es ist sachlich geboten, dass dem/der Ressortverantwortlichen für Zeitpolitik und (wie in Bozen) der Leitung des Zeitbüros im Ratsbeschluss ein direktes Vortragsrecht beim Bürgermeister eingeräumt wird.

Natürlich bedarf dieses Organisationsmodell der Differenzierung – je nachdem, ob es sich um kleine oder große Kommunen handelt, ob neben Bürgermeister Beigeordnete tätig sind etc.

Bei der Auswahl des geeigneten Ressorts für die Federführung in Sachen Zeitpolitik stellen sich Fragen der fachlichen Kompetenz und der Durchsetzungsfähigkeit. Je stärker die Kommune den fachlichen Akzent auf *Familien*zeitpolitik legt, umso eher wird sie das Ressort bzw. den Fachbereich Familie bzw. Soziales benennen. Legt sie den fachlichen Akzent auf *städtische* Zeitpolitik, wird sie eher einen Fachbereich wie Stadtplanung/-entwicklung oder Wirtschaft benennen. Unter Durchsetzungsaspekten dürfte eine Rolle spielen, ob Zeitpolitik in einem „harten" Ressort (wie Wirtschaft) angesiedelt ist, das herkömmlicherweise wenig mit zeitpolitischen Fragen Berührung hat (dadurch aber mit ihnen vertraut wird), oder in einem Ressort (wie Soziales), bei dem man „solche Fragen" eh schon erwartet. Interessant war hier die Stadt Bozen (Beispiel 6), die auf der Stadtregierungs-Ebene Zeitpolitik bei Urbanistik (also Stadtplanung/-entwicklung) ressortiert und auf der Amtsebene die Leitung von Amt für Zeitpolitik und Amt für Statistik zusammengefasst hat. Meine fachliche Präferenz liegt bei der Zuordnung zu Stadtplanung/-entwicklung, weil damit zeitpolitische Inhalte und Methoden Aussicht gewinnen, auch bei der Infrastruktur-, der Flächennutzungs- und Raumordnungsplanung Gewicht erlangen.

Die Steuergruppe kann entweder situativ (von Fall zu Fall) oder kontinuierlich zusammengesetzt sein. Mir erscheint eine kontinuierliche Zusammensetzung jedenfalls solange sinnvoll, wie sich Zeitpolitik noch als neues Politikfeld in der Kommune etablieren muss. Die Steuergruppe wird neben dem federführenden Ressort z.B. Soziales, Bildung, Stadtplanung, Geschlechterpolitik, Wirtschaft, Verkehr umfassen. Denkbar ist auch eine kleinere kontinuierliche Steuerungsgruppe (etwa Stadtentwicklung, Soziales/Familie, Wirtschaft), die sich situativ – nach Lage der entscheidungsbedürftigen Fragen – erweitert.

Über diese kommunale Entscheidungsstruktur hinaus bedarf kommunale Zeitpolitik in Nordrhein-Westfalen m.E. des Rückhalts durch überörtliche Instanzen, um wirksam zu werden. Der Gutachtensauftrag thematisiert nur die kommunale Ebene. Die Ausführungen in Kapitel V. 3.dürften gezeigt haben, dass Unterstützung durch die höhere Ebene für eine effektive kommunale Zeitpolitik äußerst hilfreich, wenn nicht gar Bedingung ist. Dies ist unter Ressourcen- wie unter fachlichen Aspekten zu sehen.

- Gemeinden, die aufgrund von Arbeitslosigkeit, Strukturwandel oder der Flüchtlingskrise nicht über personelle und finanzielle Mittel verfügen, „zusätzlich" Zeitpolitik zu schultern, werden ohne Landeshilfen kaum auf dieses neue Politikfeld zugehen. Ein Landesfonds könnte hier für einen Anreiz sorgen, wie er sich in Italien (Beispiel 8) erfolgreich ausgewirkt hat.
- Auch fachlich dürfte überörtliche Hilfe zuträglich, sogar erforderlich, sein. Kommunen, die (familien-) zeitpolitisch experimentieren, brauchen systematischen Austausch untereinander. Sie brauchen Information über das inhaltliche und methodische Know-how, Kontrasterfahrungen und themenbezogene Workshops. Sinnvoll wäre insoweit ein landesweites Kompetenzzentrum Kommunale Zeitpolitik.

Beide Funktionen – ressourcenmäßige und fachliche – überörtlicher Unterstützung von Zeitpolitik in den Kommunen Nordrhein-Westfalens müssten öffentlich organisiert sein. Sie müssen aber nicht zwingend in einer Hand liegen. Die Funktion, einen Zeitpolitik-Fonds zu schaffen und Grundsätze für die Mittelvergabe festzulegen, kann wohl nur beim Land Nordrhein-Westfalen liegen. Demgegenüber könnten sowohl die mittelverwaltende als auch die beratende und koordinierende Funktion in einer Trägerschaft liegen, die den Kommunen nahesteht und eine Mittlerrolle zwischen Kommunen und Landesregierung einnehmen kann. Über diese Frage kann nur mit genauer Orts- und Institutionskenntnis geurteilt werden.[51]

51 Im Laufe meiner Darstellung ist der Blick auf die Landschaftsverbände gefallen (Kap. V. 2. – Beispiel 4), die als von Kreisen und kreisfreien Städten gebildete, umlagefinanzierte und selbstverwaltete öffentlich-rechtliche Körperschaften die überörtlichen Träger der öffentlichen Jugendhilfe sind (§ 8 AG KJHG). Nach ihrer Konstitution werden sie als Mittler zwischen Kommunen und Landesregierung tätig. Möglicherweise kommen sie für zeitpolitische Koordination der Kommunen in Betracht – zumal zu ihren Aufgaben neben Sozialen Aufgaben, Jugend und Gesundheitsangelegenheiten und landschaftlicher Kulturpflege auch Kommunalwirtschaft gehört.

Zeitpolitik kann in den Kommunen Nordrhein-Westfalens kann Wirksamkeit und Effektivität[52] erlangen, wenn sie die drei genannten Bedingungen vorfindet:

1. Eine feste Einbettung in mit dem Bürgermeister abgestimmte Ratsbeschlüsse,
2. Die ranghohe Verankerung von Zeitpolitik und Zeitbüro in einem fachlich kompetenten und durchsetzungsfähigen kommunalen Ressort bzw. Fachbereich sowie die Begleitung durch eine gleichfalls ranghohe ressortübergreifende Steuergruppe und
3. Eine entsprechende überörtliche ressourcenmäßige und fachliche Unterstützung

Vieles spricht dafür, dass sie dann erheblich zur Erzielung von Zeitwohlstand von Individuen, Familien und Gruppen in den Kommunen Nordrhein-Westfalens beitragen kann.

52 Zu den Bedingungen einer Zeitpolitik, die die Lebensqualität von Individuen, Familien und Gruppen spürbar ("effektiv") steigert, gehören auch Regeln und Methoden der Projektplanung, -durchführung und -evaluation. Hierüber ist viel publiziert worden – auch vom Verfasser. Frage 4 fokussiert aber den Aspekt der Verwaltungsorganisation. Deshalb beschränke ich mich gleichfalls darauf.

VII Zeitpolitik als systematische Aufgabe von Kommunen

Aufgrund meiner Begutachtung der im Gutachtensauftrag zur Prüfung gestellten Annahmen und meiner zusammenfassenden Beantwortung der Gutachtensfragen möchte ich einige abschließende Überlegungen und (mit der gebotenen Zurückhaltung) Empfehlungen unterbreiten. Unmittelbarer Adressat dieser Empfehlungen ist die Enquetekommission zur Zukunft der Familienpolitik in Nordrhein-Westfalen, die über den Gutachtensauftrag entschieden hat. Mittelbar richten sich die Empfehlungen an die politisch Verantwortlichen des Landes Nordrhein-Westfalen, an die sich ja auch die Ausarbeitungen der Enquetekommission richten werden, aber auch an die Verantwortlichen anderer Bundesländer und des Bundes.

Eine erste Empfehlung folgt aus Erkenntnissen des Familienberichts von Oktober 2015, die ich in diesem Gutachten aufgreifen und vertiefen konnte: *Die politisch Verantwortlichen sollten die darin geäußerte Besorgnis der nordrhein-westfälischen Bevölkerung über die Notlage ihrer alltäglichen familiären und außerfamiliären Zeit sehr ernst nehmen.* Diese Besorgnis ist nicht allein ein nordrhein-westfälisches Phänomen. Dass Zeit knapp und wertvoll ist, dass Zeit sich unter dem Eindruck epochaler Beschleunigung ökonomischer, politischer, sozialer und kultureller Verhältnisse als schutz- und gestaltungsbedürftig erweist, wird überall in Deutschland und der westlichen Welt ähnlich empfunden. Von der Skepsis, ob der Staat dafür Abhilfe schaffen könne und solle, sollte sich Niemand abhalten lassen. Vielmehr sollten wir umgekehrt *"Zeit" zu einer neuen und wichtiger werdenden Komponente des Sozialstaats (in der Familie, am Arbeitsplatz, im Verein, in der Stadt) erklären* und dezidiert eine demokratisch legitimierte und ausgestaltete "Zeitpolitik" befürworten.

Eine weitere Empfehlung folgt aus den Darlegungen des Gutachtens. *Eine demokratische Zeitpolitik sollte am Alltag ansetzen.* Sie sollte dort beginnen, wo Individuen, Familien, Gruppen Zeitnot erleben und als Gestaltungsnotwendigkeit artikulieren können – am Arbeitsplatz, in der Familie, im Quartier, in der Stadt. Die Kommune ist zugleich erfahrungsnah und Grundstein des Politischen. *Zeitpolitik sollte als kommunale Zeitpolitik beginnen – Politik und Gesellschaft sollten sie befürworten und ausgestalten.*

Als mögliche Folgerung aus beiden ersten Einsichten bietet sich nach den Darlegungen in diesem Gutachten ein breites Spektrum von Schritten an, das von der "Sensibilisierung" für den Umgang mit Zeit im Alltag, in Behörden, Betrieben, Vereinen bis zu institutionalisierter und kostenintensiver, aber gewiss auch ertragreicher professioneller Behandlung von familialer und allgemein kommunaler Zeitpolitik reicht. Welche Schritte in diesem Spektrum gewählt werden, ist eine Frage der Überzeugung wie auch der Mittel. Sie entzieht sich gutachterlicher "Empfehlung", sondern ist politische "Entscheidung".

Es wäre nach meinen Befunden an der Zeit, in Deutschland und in einer europäischen Kooperation (gemäß den Willensbekundungsakten des Europarats von 2010: Europarat 2010) eine Initiative zur Förderung kommunale Zeitpolitik, die sich die Steigerung des zeitlichen Wohlergehens auch von Familien zum Ziel setzt, zu starten. Sie sollte eine Initiative zum wechselseitigen inhaltlichen und methodischen Austausch unter Mithilfe eines Kompetenzzentrums für kommunale Zeitpolitik enthalten. In diesem Rahmen, der Anleihen bei dem italienischen Gesetz v. 8. März 2000 machen könnte, wäre Nordrhein-Westfalen sozusagen ein "tragender Pfeiler" – ein Bundesland, das auf seinem Territorium die gesicherten Anforderungen an eine solche Politik beispielhaft realisiert. Wir haben auf den vergangen Seiten Voraussetzungen dafür gefunden. In den Kommunen Nordrhein-Westfalens kann Zeitpolitik – bei den insgesamt guten Voraussetzungen, die dieses Bundesland dafür bietet – Wirksamkeit und Effektivität erlangen, wenn sie die drei genannten Bedingungen vorfindet:

1. Eine feste Einbettung in mit dem Bürgermeister abgestimmte Ratsbeschlüsse,
2. Die ranghohe Verankerung von Zeitpolitik und Zeitbüro in einem fachlich kompetenten und durchsetzungsfähigen kommunalen Ressort bzw. Fachbereich sowie die Begleitung durch eine gleichfalls ranghohe ressortübergreifende Steuergruppe und
3. Eine entsprechende überörtliche ressourcenmäßige und fachliche Unterstützung mithilfe eines Landesfonds und eines Kompetenzzentrums für kommunale Zeitpolitik.

Vieles spricht dafür, dass Zeitpolitik unter diesen Bedingungen erheblich zur Erzielung von Zeitwohlstand von Individuen, Familien und Gruppen in den Kommunen Nordrhein-Westfalens beitragen kann.

Ersichtlich kann ein solcher Rahmen nicht sofort und nicht mit Nordrhein-Westfalen als Haupt-, gar einzigem Akteur betrieben werden. Deshalb kann in der aktuellen Situation nur erwogen werden, in diesem Bundesland und von ihm ausgehend einen Prozess zu eruieren und einzuleiten, der auf dieses Ziel hinarbeitet und erste Schritte dazu unternimmt.

Das Land Nordrhein-Westfalen könnte etwa ein thematisch fokussiertes und zeitlich begrenztes zeitpolitisches Aktionsprogramm auflegen, das Kommunen zu zeitpolitischen Experimenten für Familien ermutigt und sie dabei durch Know-how- wie auch finanzielle Ressourcen unterstützt. Das würde bei den positiven Erfahrungen anknüpfen, die mit den Bundesprogrammen zur Familienzeitpolitik und die in Italien mit dem o.g. Gesetz vom 8. März 2000 und dessen Umsetzung in den meisten Regionen gemacht wurden. Gleichzeitig müsste mit diesem Aktionsprogramm verbunden sein, gegenüber der Bundesebene das Interesse an einer Bundesinitiative zu bekunden, das sowohl auf Förderung kommunaler Zeitpolitik (im Rahmen der Kompetenzgrenzen des Bundes) und die Gewinnung weiterer Bundesländer dafür als auch auf eine europäische Vernetzung gerichtet ist. Im Rahmen dieses Aktionsprogramms müssten auch die Kosten-Nutzen-Analysen von Familienzeitpolitik, die auf Bundesebene unternommen werden, weitergeführt und auf kommunale Zeitpolitik erstreckt werden; auf dieser Basis könnten die auf Gemeinden und Kreise zukommenden Kosten und Erträge abgeschätzt und in eine den rechtlichen Bedingungen angemessene Konnexitätsregelung umgesetzt werden.

Da dies einen langfristigen und komplexen Erkundungs- und Aushandlungsprozess impliziert, ist auch an Maßnahmen zu denken, die Nordrhein-Westfalen – wie andere Bundesländer auch - zur Förderung kommunaler Zeitpolitik sozusagen "hier und jetzt" unternehmen kann.

Sinnvoll erscheint, Maßnahmen zur Erhöhung von zeitpolitischer Bildung und Sensibilität der Leitungskräfte und Beschäftigten in Dienstleistungsbereichen herbeizuführen. Über Öffnungszeiten, Kultur- und Sportzeiten, Transportzeiten und die räumliche Gestaltung der Stadt mit Blick auf die Alltagszeiterfahrungen der Bürger (sichere Wege, Stadt der kurzen Wege, belebte Stadt) wäre dabei aufzuklären. Solche Maßnahmen können Bildungsmaßnahmen, aber auch Ideen- und Gestaltungsworkshops zeitpolitischer Art sein. Ein Bildungsansatz mit acht Modulen wurde dazu von der Hamburger Forschungsstelle Zeitpolitik durchgeführt (Mückenberger 1998; 2000 – jeweils Teil C.). In Mailand (Universität Politecnico di Milano, Polo territoriale di Piacenza) wurde ein grundständiger Studiengang eingerichtet, der Grundwissen für zeitpolitische Ausbildung insbesondere auf städteplanerischem Gebiet enthielt.

Denkbar ist weiter, in dem Bundesland Nordrhein-Westfalen einen schrittweisen Prozess der praktischen Kompetenzerweiterung über Zeit, Umgang mit Zeit, Zeitbedingungen und Zeitwirkungen einzuleiten. Das läge auf der Linie der Erkundungs- und Beteiligungsprozesse, die zum Familienbericht führten. Zeitliche Zukunftswerkstätten, Familienzeitexperimente, Erprobung kommunaler Zeitpolitik (wie in Aachen) könnten stattfinden, die zeitpolitische Handlungsspielräume ausloten und ggf. erweitern. Anhand von örtlichen Planungen (Verkehr, Bau, Grünflächen) könnten Planer wie Nutzer in einen produktiven Dialog darüber eintreten, wie die Planung, die gerade ansteht, mit Alltagszeiten zusammenhängt und welche Alternativen bestehen. Denkbar wäre diese zeitpolitische Sensibilisierung auch hinsichtlich kommunenbezogener landesweiter Planungsprozesse – wie dem aktuellen Landesentwicklungsplan-Entwurf.

Es könnte auch das Feld der Veränderung von Kommunalsatzungen und Landesgesetzen beschritten werden. Der Zeitaspekt müsste zum ganz normalen

Gegenstand kommunalen Wissens und dessen Erweiterung durch statistische Erhebungen gemacht werden. Beispiel ist die Stadt Erfurt, die in ihre jährliche statistische Umfrage zeitliche Bedingungen ihrer Bewohner aufnahm. Sie erfuhr auf diese Weise, dass innerstädtisch häufiger als im Bundesgebiet umgezogen wird. Konsequenterweise machte sie dann die Lebenslage „Umzug“ zum Ausgangspunkt einer synthetisierenden administrativen Behandlung. Oder: Das Bozener Amt für Zeiten der Stadt ist dem örtlichen Amt für Statistik zugeordnet. Dies erhöhte systematisch das Wissen über die zeitlichen Belange der städtischen Bevölkerung in der Kommunalpolitik. Zeit-Wissen gehört zu einer modernen Kommunalverwaltung – das müsste, ggf. auch durch Satzungsänderungen oder Ratsbeschlüsse, zur normalen Aufgabe der kommunalen statistischen Dienste werden.

Könnte man – wie sich in der Stadt Aachen abzeichnet – für alle Planverfahren kommunaler Art das Kriterium der "Zeitachtsamkeit" aufnehmen? Nicht einzusehen ist, warum zeitliche Wohlstandsbedingungen nicht in Flächennutzungs-, Planfeststellungsverfahren von Kommunen aufgenommen werden sollen. So hat etwa die Stadt Köln im Jahre 2016 den Plan für einen Grüngürtel vorgelegt, der dem Anliegen einer ruhigen Zeit- und Aufenthaltszone entspricht (vergleichbar einem „Chronotop“). Auch das ist ein möglicher Regelungsgegenstand von Satzungen und Ratsbeschlüssen.

Es können in nordrhein-westfälischen Kommunen für alle beteiligten Akteure geltende Ziel- und Aufgabenformulierungen zeitpolitischer Art vorgenommen werden. Die Verpflichtung, Verwaltungsmaßnahmen in zeitachtsamer Weise zu konzipieren und durchzuführen, könnte das Bundesland in seine Gesetze oder untergesetzliche Regelungen aufnehmen.

All diese Maßnahmen sind hier und jetzt möglich (und wünschenswert), um zeitlichen Anliegen der Bürgerinnen und Bürger in der Gemeinde Gehör und Berücksichtigung zu verschaffen. Aber sie bleiben Einzelmaßnahmen. Für eine *systemische Erweiterung kommunaler Politik um Zeitpolitik* wird es hingegen einer Verschränkung von Politikebenen bedürfen, die sowohl Kommunen und Bundesländer als auch den Bund und wohl sogar Europa einschließt. Das wurde oben an der italienischen Gesetzgebung (Beispiel 8) verdeutlicht, die das neue Politikfeld Kommunale Zeitpolitik mehrstufig entwickelt. Mithilfe des nationalen Gesetzes vom 8. März 2000 wurden – aktiv und unter Einhaltung des Prinzips der Subsidiarität - Anreize begründet, um auf kommunaler Ebene Konzepte zu entwickeln und praktisch zu erproben. So wurde dafür gesorgt, dass die kommunale Zeitpolitik regional unterstützt und ausgewertet und auf nationaler Ebene einem Vergleich zwischen Regionen zugänglich wird.

Kommunale Zeitpolitik muss auf mehreren Ebenen des politischen Systems berücksichtigt werden, um wirksam zu sein. Zahlreiche Zeitprobleme von Menschen werden zwar in der Kommune erfahren – aber die zeitpolitischen "Hebel" zu ihrer Lösung liegen in Entscheidungszentren jenseits der Kommune. Kommunen sind in territoriumsübergreifende Planungszusammenhänge einbezogen. Wenn darüber überörtlich entschieden wird, hängt die zeitliche Lebensqualität der Bewohner der Kommune davon ab, ob sie auch dort Gehör findet. Wenn die Planungsvollzüge der Kommunen in diejenigen von Regionen und Ländern eingebunden sind, wenn diese wiederum im Kontext mit der Raumordnung des Bundes stehen und zahlreiche dieser Planungen wiederum in Verbindung mit grenzüberschreitenden fachlichen Planungen stehen, dann muss Zeitpolitik auch in die Poren dieser überörtlichen Entscheidungsebenen eindringen.

Es ist beim derzeitigen Stand der zeitpolitischen Diskussion unrealistisch anzunehmen, zeitpolitisches Wissen und Zeitsensibilität könnten auf all diesen fachlichen und territorialen Planungsebenen präsent sein und sich geltend machen. Aber immerhin dürfte in einem föderalen System möglich sein, dass Zeitpolitik auch auf der nächsthöheren Ebene und ihrer Planung die Zeitgestaltung der Menschen in den Kommunen systematisch berücksichtigt. So könnte man sich nach dem Vorbild des italienischen Gesetzes aus dem Jahre 2000 (Beispiel 8) ein deutsches Bundesgesetz vorstellen, das zeitpolitische Grundsätze aufstellt und dafür unterstützende Mittel zur Verfügung stellt, das die Umsetzung dieser Grundsätze bei gleichzeitiger Mittelaufstockung jedoch den Bundesländern überlässt. Die zeitpolitischen Gesetze der Bundesländer könnten ihrerseits die zeitpolitischen Grundsätze des Bundes landesspezifisch konkretisieren und die Kommunen mit ihrem Know-how, personellen und finanziellen Ressourcen dabei zu unterstützen, über eigene zeitpolitische Ziele und Vorhaben in Selbstverwaltung, aber mit Unterstützung von Bund und Land zu entscheiden.

So wäre ein bundesweiter zeitpolitischer Lernprozess denkbar, der bürgernah und dezentral ansetzt - so wie es für die lokale Zeitpolitik essentiell ist. Dieser Prozess würde Bürger/innen und Kommunen aber nicht mit ihren Zeitanliegen allein lassen, sondern ihnen dabei den notwendigen Rückhalt verschaffen. Er würde dabei zugleich dafür sorgen, dass die lokalen Verbesserungen der Lebensqualität, die Zeitpolitik erzielt, nicht Stückwerk bleibt, sondern ausstrahlt auf andere Kommunen des Landes, die Kommunen anderer Bundesländer und auf den Bund selbst. So würde ein allgemeiner Lern- und Gestaltungsprozess zur Verbesserung der Lebensqualität ins Werk gesetzt.

Literaturverzeichnis

I Offizielle Materialien (Nordrhein-Westfalen, Bund und Europa)

1. NRW

Innenministerium des Landes Nordrhein-Westfalen (Hg.) (2009): Kommunalrecht in Nordrhein-Westfalen. Gemeindeordnung, Kreisordnung und Auszüge aus weiteren Gesetzen, 3. Aufl., Düsseldorf.

Landesregierung Nordrein-Westfalen (2015): Antwort auf die Große Anfrage 15 der Fraktion der FDP "Evaluation familienpolitischer Leistungen – Wie bewertet die Landesregierung die Zielverwirklichung der familienpolitischen Leistungen in Nordrhein-Westfalen?" Landtag Nordrhein-Westfalen, 16. Wahlperiode, Drucksache 16/9549.

Landtag Nordrhein-Westfalen (2014): Antrag der Fraktion der SPD: Einrichtung einer Enquetekommission „Zukunft der Familienpolitik in Nordrhein-Westfalen“, 16. Wahlperiode Drucksache 16/7399.

Landtag Nordrhein-Westfalen (2015): Enquetekommission V, Protokoll 11. Sitzung (öffentlich) 24. August 2015: Anhörung von Sachverständigen zum Verhandlungspunkt Zeitpolitik, EKPr 16/9, Düsseldorf.

Ministerium für Familie, Kinder, Jugend, Kultur und Sport des Landes Nordrhein-Westfalen (2015): Familienbericht Nordrhein-Westfalen. Familien gestalten Zukunft, Düsseldorf: MFKJKS 2078.

Ministerium für Familie, Kinder, Jugend, Kultur und Sport des Landes Nordrhein-Westfalen (2015a): Frühe Bildung, Erziehung und Betreuung von Anfang an - Bildungsvereinbarung des Landes Nordrhein-Westfalen, www.mfkjks.nrw/gesetzliche-grundlagen-fuer-die-Kinder-und-Jugendhilfe (download 26.4.2016).

Ministerium für Familie, Kinder, Jugend, Kultur und Sport des Landes Nordrhein-Westfalen (2016):Neue Wege – Familienzentren in Nordrhein-Westfalen. Eine Handreichung für die Praxis, aktualis. 7. Aufl., Düsseldorf: MFKJKS 2041.

Ministeriums für Familie, Kinder, Jugend, Kultur und Sport des Landes Nordrhein-Westfalen (2013): Schriftlicher Bericht an den Ausschuss für Familie, Kinder und Jugend: Übersicht der familienpolitischen Leistungen in NRW.

Ministerium für Gesundheit, Emanzipation, Pflege und Alter des Landes Nordrhein-Westfalen (2013): Masterplan altengerechte Quartiere – NRW. Strategie- und Handlungskonzept zum selbstbestimmten Leben im Alter, Düsseldorf: MGEPA.

Ministerium für Klimaschutz, Umwelt, Landwirtschaft, Natur- und Verbraucherschutz des Landes Nordrhein-Westfalen (2016), Dorfentwicklung, www.umwelt.nrw.de/laendliche-raeume-landwirtschaft-tierhaltung, o.D. (download 29.04.2016).

Ministerium für Schule, Wissenschaft und Forschung (2006): Offene Ganztagsschule im Primarbereich - RdErl. v. 26. 1. 2006 (ABl. NRW. S. 29), Düsseldorf.

Ministeriums für Schule und Weiterbildung (2010): Gebundene und offene Ganztagsschulen sowie außerunterrichtliche Ganztags- und Betreuungsangebote in Primarbereich und Sekundarstufe I - RdErl.12-63 Nr. 2 v. 23.12.2010 (ABl. 1/11, S. 38, berichtigt 2/11, S. 85), Stand: 01.06.2015.

Staatskanzlei des Landes Nordrhein-Westfalen (2015): Landesplanungsbehörde, Landesentwicklungsplan Nordrhein-Westfalen, überarbeiteter Entwurf September 2015, Düsseldorf.

Stadt Aachen, Der Oberbürgermeister (2015): Die Initiative "Neue Zeiten für Familie". Impulse aus der Praxis deutscher Großstädte für eine kommunale Familienzeitpolitik, Aachen o.J.

Stadt Dortmund (2007): Familienprojekt. Offene Ganztagsschulen im Primarbereich in Dortmund. Entwicklungsschritte und Statements. Dortmund.

Stadt Essen (2007): Neue Grundschule/Offene Ganztagsschule in Essen. Ratsvorlage 290/2007/4 vom 28.3.2007.

2. Bund

Bundesministerium für Familien, Senioren, Frauen und Jugend (BMFSFJ) (2006): Familie zwischen Flexibilität und Verlässlichkeit – Perspektiven für eine lebenslaufbezogene Familienpolitik Siebter Familienbericht, Deutscher Bundestag Drucksache 16/1360, 26. 04. 2006, Berlin.

Bundesministerium für Familien, Senioren, Frauen und Jugend (BMFSFJ) (2010): Bestandsaufnahme der familienbezogenen Leistungen und Maßnahmen des Staates im Jahr 2010, Berlin.

Bundesministerium für Familien, Senioren, Frauen und Jugend (BMFSFJ) (2012): Zeit für Familie. Familienzeitpolitik als Chance einer nachhaltigen Familienpolitik, Achter Familienbericht, Deutscher Bundestag Drucksache 17/900017, 15. 03. 2012, Berlin.

Bundesministerium für Familien, Senioren, Frauen und Jugend (BMFSFJ) (2014a): Kommunale Zeitpolitik für Familien. Ein Leitfaden für die Praxis: Familien unterstützen, Standorte sichern, Unternehmen fördern, Berlin.

Bundesministerium für Familien, Senioren, Frauen und Jugend (BMFSFJ) (2014b): Mehr Zeit für Familien - kommunale Familienzeitpolitik in Deutschland. Beiträge aus Forschung, Statistik und Familienpolitik, Berlin.

Bundesministerium für Familien, Senioren, Frauen und Jugend (BMFSFJ) (2014c): Familienreport 2014. Leistungen, Wirkungen, Trends, Berlin.

Bundesministerium für Familien, Senioren, Frauen und Jugend (BMFSFJ) (2014d): Institut der deutschen Wirtschaft Köln (iw), Kosten-Nutzen-Analyse einer kommunalen Familienzeitpolitik, Berlin.

Statistisches Bundesamt (2015): Zeitverwendungserhebung Aktivitäten in Stunden und Minuten für ausgewählte Personengruppen 2012/2013, Wiesbaden.

3. Europa

Europarat. Kongress der Gemeinden und Regionen (2010): Empfehlung 295 (2010) "Soziale Zeit, Freizeit: Welche lokale Zeitplanungspolitik ist sinnvoll?" 19. Tagung, Straßburg, 26. – 28. Oktober 2010.

Europarat. Kongress der Gemeinden und Regionen (2010a): Entschließung 313 (2010) "Soziale Zeit, Freizeit: Welche lokale Zeitplanungspolitik ist sinnvoll?" 19. Tagung, Straßburg, 26. – 28. Oktober 2010.

II Rechtliche Materialien (Nordrhein-Westfalen und Bund)

1. Nordrhein-Westfalen

Birkmann, Jörn/Finke, Lothar (Hg.) (2006): Novellierung des Planungsrechts in Nordrhein-Westfalen, Hannover: ARL.

Bösche, Ernst-Dieter (2013): Kommunalverfassungsrecht in Nordrhein-Westfalen, 3. Aufl., Siegburg: Verlag Reckinger.

Hofmann, Harald/Muth, Michael/Theisen, Rolf-Dieter (2004): Kommunalrecht in Nordrhein-Westfalen, 12. Aufl., Witten: Bernhardt.

Küster, Tim A. (Hg.) (2015): Kommunalrecht in Nordrhein-Westfalen. Textsammlung, Jena: Societas.

Innenministerium des Landes Nordrhein-Westfalen (Hg.) (2009): Kommunalrecht in Nordrhein-Westfalen. Gemeindeordnung, Kreisordnung und Auszüge aus weiteren Gesetzen, 3. Aufl., Düsseldorf.

Niedzwicki, Matthias (2010): Kommunalrecht in Nordrhein-Westfalen, 3. Aufl., Aachen: Shaker.

Verfassungsgerichtshof für das Land Nordrhein-Westfalen, Urt. v. 11.12.2007 - 10/06 -, in DVBl. 2008, 241.

2. Bund

Lange, Klaus (2013): Kommunalrecht, Tübingen: Mohr Siebeck.

Röhl, Hans Christian (2013): Kommunalrecht, in: Schoch, Friedrich (Hg.), Besonderes Verwaltungsrecht, 15. Aufl., Berlin/Boston: Walter de Gruyter, S. 9 - 124.

Schmidt, Nora (2006): Handbuch Kommunale Familienpolitik, Lambertus-Verlag,ISBN: 9783784117270.

III Literatur

1. Allgemein

Bäcker, Gerhard/Naegele, Gerhard/Bispinck, Reinhard/Hofemann, Klaus/Neubauer, Jennifer (2008a): Familie und Kinder, in: dieselben, Sozialpolitik und soziale Lage in Deutschland. Bd. 2: Gesundheit, Familie, Alter und soziale Dienste, 4. Aufl., Wiesbaden: VS Verlag für Sozialwissenschaften/GWV Fachverlage, Kap. VII, S. 247-352.

Bäcker, Gerhard/Naegele, Gerhard/Bispinck, Reinhard/Hofemann, Klaus/Neubauer, Jennifer (2008): Sozialpolitik und soziale Lage in Deutschland. Bd.2: Gesundheit, Familie, Alter und soziale Dienste, 4. Aufl., Wiesbaden: VS Verlag für Sozialwissenschaften/GWV Fachverlage.

Baumheier, Ulrike/Fortmann, Claudia/Warsewa, Günter (2010): Schulen in lokalen Bildungs- und Integrationsnetzwerken. Schriftenreihe Institut Arbeit und Wirtschaft 07, Bremen: Universität.

Baumheier, Ulrike/Fortmann, Claudia/Warsewa, Günter (2013): Ganztagsschulen in lokalen Bildungs- und Integrationsnetzwerken. Educational Governance Bd. 19, Wiesbaden: VS-Verlag.

Belling, Pascal (2006): Familienzentren in Nordrhein-Westfalen, in: Schmidt, Nora (Hg.), Handbuch Kommunale Familienpolitik. Ein Praxishandbuch für mehr Familienfreundlichkeit in Kommunen, Berlin: Eigenverlag des Deutschen Vereins für öffentliche und private Fürsorge e.V., S. 158-60.

Benz, Arthur (2009): Politik im Mehrebenen-System, Wiesbaden: VS.

Bertram, Hans/Bayer, Hiltrud/Bauereiß, Renate (1993): Familien-Atlas: Lebenslagen und Regionen in Deutschland; Karten und Zahlen, Opladen: Leske und Budrich.

Bertram, Hans/Bujard, Martin (Hg.) (2012): Zeit, Geld, Infrastruktur - zur Zukunft der Familienpolitik, Soziale Welt Sonderband 19, Baden-Baden: Nomos.

Bertram, Hans/Bujard, Martin (2012a): Zur Zukunft der Familienpolitik, in: dies. (Hg.), Zeit, Geld, Infrastruktur - zur Zukunft der Familienpolitik, Soziale Welt Sonderband 19, Baden-Baden: Nomos, S. 3 - 24.

Böllert, Karin/Peter, Corinna (2014): Familien in der Kinder- und Jugendhilfe - eine Problemskizze, in: Nave-Herz, Rosemarie (Hg.), Familiensoziologie. Ein Lehr- und StudienbuchMünchen: Oldenbourg/De Gruyter, S. 121-38.

Bogumil, Jörg/Holtkamp, Lars/Kißler, Leo et al. (2007): Perspektiven kommunaler Verwaltungsmodernisierung. Praxiskonsequenzen aus dem Neuen Steuerungsmodell (= Modernisierung des öffentlichen Sektors, Band 30), Berlin: Ed. Sigma.

Boulin, Jean-Yves (2015): Zeiten der Stadt: Eine zentrale Herausforderung für die Gewerkschaften, in: Reiner Hoffmann/Claudia Bogedan (Hg.), Arbeit der Zukunft. Möglichkeiten nutzen - Grenzen setzen, Frankfurt/New York: Campus, S. 436-58.

Boulin, Jean-Yves/Mückenberger, Ulrich (1999): Times in the City and Quality of Life, in: best. European Studies on Time No. 1, S. 1-79.

Boulin, Jean-Yves/Mückenberger, Ulrich (2000): Zeiten in der Stadt und Lebensqualität in Europa, in: Mückenberger, Ulrich (Hg.), Zeiten der Stadt. Reflexionen und Materialien zu einem neuen gesellschaftlichen Gestaltungsfeld, 2. erweiterte Auflage, Bremen: Temmen S. 118 - 204.

Boulin, Jean-Yves/Mückenberger, Ulrich (2005): Is the societal dialogue at the local level the future of social dialogue? In: Transfer, Volume 11, No. 3, pp. 439 – 448.

Brockhaus Enzyklopädie (1994): Schlüsselbegriff "Zeit", Band 24, S. 470-75, Mannheim: F.A. Brockhaus.

Burkart, Günter (2010): Familiensoziologie, in: Kneer, Georg/Schroer, Markus (Hg.), Handbuch Spezielle Soziologien, 1. Aufl., Wiesbaden: VS Verlag, S. 123-44.

Deinet, Ulrich/Nelke, Kirsten (2015): Zwischen Schule, Jugendhilfe und Sozialraum – Ergebnisse einer Studie zur Schulsozialarbeit in Düsseldorf. In: sozialraum.de (7) Ausgabe 1/2015. www.sozialraum.de/zwischen-schule-jugendhilfe-und-sozialraum.php (download 28.4.2016).

Deutsche Gesellschaft für Zeitpolitik (GDfZP 2005): Zeit ist Leben. Manifest der Deutschen Gesellschaft für Zeitpolitik, Berlin und Bremen: Eigenverlag.

Deutscher Verein für öffentliche und private Fürsorge, Empfehlungen des Deutschen Vereins zur lokalen Familienzeitpolitik v. 20. Juni 2013, DV 30/12 AF II.

Dürk, Barbara (2001): Nordrhein-Westfalen - ein Flächenstaat fördert die städtische Zeitgestaltung, in: Mückenberger, Ulrich (Hg.), Bessere Zeiten für die Stadt. Chancen kommunaler Zeitpolitik, Opladen: Leske + Budrich, S. 165 - 69.

Duist, Martin/Karsten, Lia/Breedveld, Coen (2001): Neue Zeitrhythmen für holländische Städte - Erfahrungen und politische Perspektiven, in: Mückenberger, Ulrich (Hg.), Bessere Zeiten für die Stadt. Chancen kommunaler Zeitpolitik, Opladen: Leske + Budrich, S. 65-89.

Eberling, Matthias/Henckel, Dietrich (1998): Kommunale Zeitpolitik. Veränderungen von Zeitstrukturen - Handlungsoptionen der Kommunen, Berlin: sigma.

Ellegard, Kajsa (1999): A time-geographical approach to the study of everyday life of individuals - a challenge of complexity, in: GeoJournal vol. 48, no. 3 Special issue on: Actors, activities and the geographical scene. Studies on time-geography, mobility, and gender, S. 167-175.

Ellegard, Kajsa/de Pater, Ben (1999): Introduction: The complex tapestry of everyday life, , in: GeoJournal vol. 48, no. 3 Special issue on: Actors, activities and the geographical scene. Studies on time-geography, mobility, and gender, S. 149-153.

Engelbert, Angelika/Schwarze, Beatrix (2010): Familienunterstützende Dienstleistungen. Informationen und Handlungsansätze für die kommunale Praxis, Bochum: Zentrum für interdisziplinäre Regionalforschung (ZEFIR).

Engelbert, Angelika/Gaffron, Vanessa/Linde, Katrin (2016): Familienbüros in Nordrhein-Westfalen. Verbreitung, Aufgaben und Erfolgsbedingungen, Bochum: ZEFIR.

Gerlach, Irene (2010): Familienpolitik, 2. Aufl., Wiesbaden: VS Verlag.

Hatzelmann, Elmar/Held, Martin (2005): Zeitkompetenz: die Zeit für sich gewinnen: Übungen und Anregungen für den Weg zum Zeitwohlstand, Weinheim: Beltz.

Heitkötter, Martina (2006): Sind Zeitkonflikte des Alltags gestaltbar? Prozesse und Gegenstände lokaler Zeitpolitik am Beispiel des ZeitBüro-Ansatzes (= Diss. phil. Hamburg 2003), Frankfurt et al.: Peter Lang.

Heitkötter, Martina (2009): Der „temporal turn“ in der Familienpolitik – zeitpolitische Gestaltungsansätze vor Ort für mehr Zeitwohlstand in Familien. In: Heitkötter, Martina/Jurczyk, Karin/ Lange, Andreas, Meier-Gräwe, Uta (Hg.) (2009): Zeit für Beziehungen? Zeit und Zeitpolitik für Familien, Opladen & Farmington Hills, MI, Verlag Barbara Budrich, S. 401-428.

Held, Martin (2005): Zeitkompetenz und Zeitpolitik für mehr Zeitwohlstand, in: Deutsche Gesellschaft für Zeitpolitik (Hg.), Zeit für Zeitpolitik, Bremen: Atlantik, S. 103-109.

Henckel, Dietrich/Eberling, Matthias (Hg.)(2002): Raumzeitpolitik, Opladen: Leske + Budrich.

Henckel, Dietrich/Thomaier, Susanne/Könecke, Benjamin/Zedda, Roberto/Stabilini, Stefano (Hg.) (2013): Space-Time Design of the Public City, Dordrecht/Heidelberg/New York/London: Springer.

Hensen, Georg, Kommunales Management für Familien (Komma FF) - ein Modellprojekt in NRW, in: Schmidt, Nora (Hg.) (2006): Handbuch Kommunale Familienpolitik. Ein Praxishandbuch für mehr Familienfreundlichkeit in Kommunen, Berlin: Eigenverlag des Deutschen Vereins für öffentliche und private Fürsorge e.V., S. 117-123.

Jordan, Erwin/Hansen, Gregor (2006): Kommunale Familienpolitik, in: Schmidt, Nora (Hg.), Handbuch Kommunale Familienpolitik. Ein Praxishandbuch für mehr Familienfreundlichkeit in Kommunen, Berlin: Eigenverlag des Deutschen Vereins für öffentliche und private Fürsorge e.V., S. 60-69.

Journal of Transport Geography (2012): time geography – its past, present and future, 23 (2012), 1.

Juncke, David (2013): Netzwerke in der kommunalen Familienpolitik. Lokale Bündnisse für Familie (Diss. phil. Münster 2012), Marburg: Tectum.

Jurczyk, Karin/Rerrich, Maria (Hg.) (1993): Die Arbeit des Alltags. Beiträge zu einer Soziologie der alltäglichen Lebensführung, Freiburg: Lambertus.

Jurczyk, Karin/Heitkötter, Martina/Possinger, Johanna (2015): Stellungnahme des Deutschen Jugendinstituts zur öffentlichen Anhörung zur Zukunft der Familienpolitik in Nordrhein-Westfalen zum Thema Zeitpolitik am 24. August 2015. Unter: http://www.dji.de/fileadmin/user_uplo ad/dasdji/stellungnahmen/2015/2015_08_24_Familienzeitpolitik

Kekkonen, Marjatta/Montonen, Mia/Viitala, Riitta (Hg.) (2012): Family centre in the Nordic countries – a meeting point for children and families, Copenhagen: Nordic Council of Ministers.

Kneer, Georg/Schroer, Markus (Hg.) (2010): Handbuch Spezielle Soziologien, 1. Aufl., Wiesbaden: VS Verlag 2010.

Kreimer, Margareta, et al. (Hg.) (2011): Paradigmenwechsel in der Familienpolitik, Wiesbaden: VS Verlag.

Krüger, Helga (1996): Zeiten der Stadt - Gleichstellung der Geschlechter? in: Bremer Perspektiven-Labor (Hg.), Die zeitbewusste Stadt. Anstöße , Bd. 3, S. 8-13.

Läpple, Dieter/Mückenberger, Ulrich/Oßenbrügge, Jürgen (Hg.) (2010): Zeiten und Räuzme der Stadt. Theorie und Praxis, Opladen: Budrich.

Lange, Andreas (2014): Ursachen und Konsequenzen der Desynchronisierung von Erwerbsarbeit und Familie in der Beschleunigungsgesellschaft, in: Nave-Herz, Rosemarie (Hg.), Familiensoziologie. Ein Lehr- und Studienbuch, München: Oldenbourg/De Gruyter, S. 57-70.

Ludwig, Joachim/Ebner von Eschenbach, Malte/Kondratjuk, Maria (Hg.) (2016): Sozialräumliche Forschungsperspektiven. Disziplinäre Ansätze, Zugänge und Handlungsfelder, Opladen: Verlag Barbara Budrich.

Ludwig, Joachim/Ebner von Eschenbach, Malte/Kondratjuk, Maria (2016): Einleitung: Sozialräumliche Forschungsperspektiven, in: dies. (Hg.) Sozialräumliche Forschungsperspektiven. Disziplinäre Ansätze, Zugänge und Handlungsfelder, Opladen: Verlag Barbara Budrich, S 9-20.

Matthies, Hildegard et al. (1994): Arbeit 2000, Reinbek: Rowohlt.

Mückenberger, Ulrich (Hg.) (1998): Zeiten der Stadt. Reflexionen und Materialien zu einem neuen gesellschaftlichen Gestaltungsfeld, Bremen: Temmen.

Mückenberger, Ulrich (Hg.) (2000): Zeiten der Stadt. Reflexionen und Materialien zu einem neuen gesellschaftlichen Gestaltungsfeld, 2. erweiterte Auflage, Bremen: Temmen.

Mückenberger, Ulrich (Hg.) (2001): Bessere Zeiten für die Stadt. Chancen kommunaler Zeitpolitik, Opladen: Leske + Budrich.

Mückenberger, Ulrich (2001): Bessere Zeiten braucht die Stadt! In: Mückenberger, Ulrich (Hg.), Bessere Zeiten für die Stadt. Chancen kommunaler Zeitpolitik, Opladen: Leske + Budrich, S. 18-32.

Mückenberger, Ulrich (2004): Metronome des Alltags. Betriebliche Zeitpolitiken, lokale Effekte, soziale Regulierung, Berlin: sigma.

Mückenberger, Ulrich (2011): Times Policies in Europe. Scientific opinion for the Council of Europe, in: Time & Society, vol. 20/2 July 2011 pp. 243 - 276. London: Sage.

Mückenberger, Ulrich (2012): Lebensqualität durch Zeitpolitik. Wie Zeitkonflikte gelöst werden können, Berlin: sigma.

Mückenberger, Ulrich (2013): Do Urban Time Policies Have a Real Impact on Quality of Life? And Which Methods Are Apt to Evaluate Them? In: Henckel, Dietrich/Thomaier, Susanne/ Könecke, Benjamin/Zedda, Roberto/Stabilini, Stefano (Hg.), Space-Time Design of the Public City, Dordrecht/Heidelberg/New York/London: Springer, S. 289-300.

Münch, Ursula (2015): Stichwort "Familienpolitik", in: Nohlen, Dieter/Grotz, Florian (Hg.), Kleines Lexikon der Politik, Bonn: Bundeszentrale für politische Bildung, S. 179-81.

Nave-Herz, Rosemarie (Hg.) (2014): Familiensoziologie. Ein Lehr- und Studienbuch, München: Oldenbourg/De Gruyter.

Neuhäuser, Peter (2001): Der Bürgerservice der Landeshauptstadt Erfurt, in: Mückenberger, Ulrich (Hg.), Bessere Zeiten für die Stadt. Chancen kommunaler Zeitpolitik, Opladen: Leske + Budrich, S. 204-07.

Niederfranke, Annette (2006): Aktionsprogramm Mehrgenerationshäuser - starke Leistung für jedes Alter, in: Schmidt, Nora (Hg.), Handbuch Kommunale Familienpolitik. Ein Praxishandbuch für mehr Familienfreundlichkeit in Kommunen, Berlin: Eigenverlag des Deutschen Vereins für öffentliche und private Fürsorge e.V., S. 343-45.

Nohlen, Dieter/Grotz, Florian (Hg.) (2015): Kleines Lexikon der Politik, Bonn: Bundeszentrale für politische Bildung.

Ost, Francois (1999): Le temps du droit. Paris: Édition Odile Jacob.

Peuckert, Rüdiger (2012): Familienformen im sozialen Wandel, 8. Aufl., Wiesbaden: Springer VS Verlag.

Possinger, Johanna (2010): Kommunale Familienbüros als zentrale Anlaufstelle für Familien, Deutscher Verein für Öffentliche und Private Fürsorge, Vertiefungstext, www.familie-in-nrw.de (download am 28.4.2016).

Possinger, Johanna (2011): Kommunale Zeitpolitik für Familien – Ansätze, Erfahrungen und Möglichkeiten der Praxis. Eine Expertise der Geschäftsstelle des Deutschen Vereins für öffentliche und private Fürsorge, Berlin.

Prognos AG (2014): Endbericht Gesamtevaluation der ehe- und familienbezogenen Maßnahmen und Leistungen in Deutschland. Auftraggeber Bundesministerium der Finanzen und Bundesministerium für Familie, Senioren, Frauen und Jugend, Berlin/Basel.

Ridderbusch, Jens (2006): Audit Familienfreundliche Kommune, in: Schmidt, Nora (Hg.), Handbuch Kommunale Familienpolitik. Ein Praxishandbuch für mehr Familienfreundlichkeit in Kommunen, Berlin: Eigenverlag des Deutschen Vereins für öffentliche und private Fürsorge e.V., S. 124-27.

Rinderspacher, Jürgen (Hg.) (2002): Zeitwohlstand. Ein Konzept für einen anderen Wohlstand der Nationen, Berlin: edition sigma.

Rosa, Hartmut (2005): Beschleunigung. Die Veränderung der Zeitstrukturen in der Moderne, Frankfurt/M.: suhrkamp taschenbuch.

Schmidt, Nora (Hg.) (2006): Handbuch Kommunale Familienpolitik. Ein Praxishandbuch für mehr Familienfreundlichkeit in Kommunen, Berlin: Eigenverlag des Deutschen Vereins für öffentliche und private Fürsorge e.V.

Schmidt, Nora (2006a): Überblick über die Steuerungsinstrumente in der kommunalen Familienpolitik, in: Schmidt, Nora (Hg.), Handbuch Kommunale Familienpolitik. Ein Praxishandbuch für mehr Familienfreundlichkeit in Kommunen, Berlin: Eigenverlag des Deutschen Vereins für öffentliche und private Fürsorge e.V., S. 111-116.

Schneider, Helmut (2015): Vereinbarkeitsmanagement: Ein integratives Handlungskonzept betrieblicher Familienpolitik, Norderstedt: Book on Demand.

Schreiner, Joachim (1998): Aktionsraumforschung auf phänomenologischer und handlungstheoretischer Grundlage, in: Geographische Zeitschrift, 86. Jg., Heft 1, S. 50-66.

Schröder, Jan (2006): Lokale Bündnisse für Familie - Umsetzungsmotor. Ideenwerkstatt. Ort der Steuerung? in: Schmidt, Nora (Hg.), Handbuch Kommunale Familienpolitik. Ein Praxishandbuch für mehr Familienfreundlichkeit in Kommunen, Berlin: Eigenverlag des Deutschen Vereins für öffentliche und private Fürsorge e.V., S. 134-40.

Schubert, Herbert (2006): Kooperation und Vernetzung - zur Rolle der Kommune, in: Schmidt, Nora (Hg.), Handbuch Kommunale Familienpolitik. Ein Praxishandbuch für mehr Familienfreundlichkeit in Kommunen, Berlin: Eigenverlag des Deutschen Vereins für öffentliche und private Fürsorge e.V., S. 99 - 110.

Schwanecke, Ulrich (2009): Kommunale Familienbüros. Rechercheberich, Deutscher Vereins für öffentliche und private Fürsorge, www.deutscher-verein.de/aktuelles/pdf/fmiienbueros1.pdf.

Schwanecke, Ulrich (2009a): Kommunale Familienbüros. Recherchebericht- Kurzfassung, Deutscher Vereins für öffentliche und private Fürsorge.

Shaw, Shih-Lung (2012): Guest editorial introduction: time geography – its past, present and future, in: Journal of Transport Geography: time geography – its past, present and future, 23 (2012), S. 1-4.

Teriet, Bernhard (1977): Die Wiedergewinnung der Zeitsouveränität, in: Technologie und Politik, H. 8 (1977), S. 75-111.

Verein Familiengerechte Kommune (2013), Das Audit Familiengerechte Kommune. Ergebnisse und Wirkungen aus der Sicht der beteiligten Akteure (Verf. Angelika Engelbert/ZEFIR), Bochum (o.J. 2013?)

Wunderlich, Holger (2013): Familienpolitik vor Ort: Strukturen, Akteure und Interaktionen auf kommunaler Ebene, Wiesbaden: Springer.

2. Zeitpolitik in Deutschland

Baumheier, Ulrike/Fortmann, Claudia/Warsewa, Günter (2013): Ganztagsschulen in lokalen Bildungs- und Integrationsnetzwerken. Educational Governance Bd. 19, Wiesbaden: VS-Verlag.

Bertram, Hans/Bujard, Martin (Hg.) (2012): Zeit, Geld, Infrastruktur - zur Zukunft der Familienpolitik, Soziale Welt Sonderband 19, Baden-Baden: Nomos.

Boulin, Jean-Yves (2015): Zeiten der Stadt: Eine zentrale Herausforderung für die Gewerkschaften, in: Reiner Hoffmann/Claudia Bogedan (Hg.), Arbeit der Zukunft. Möglichkeiten nutzen - Grenzen setzen, Frankfurt/New York: Campus, S. 436-58.

Boulin, Jean-Yves/Mückenberger, Ulrich (1999): Times in the City and Quality of Life, in: best. European Studies on Time No. 1, S. 1-79.

Boulin, Jean-Yves/Mückenberger, Ulrich (2000): Zeiten in der Stadt und Lebensqualität in Europa, in: Mückenberger, Ulrich (Hg.), Zeiten der Stadt. Reflexionen und Materialien zu einem neuen gesellschaftlichen Gestaltungsfeld, 2. erweiterte Auflage, Bremen: Temmen S. 118 - 204.

Deutsche Gesellschaft für Zeitpolitik (Hg.), Zeitpolitisches Glossar, Stichwort "Zeitbüro" (verfasst von Martina Heitkötter), www.zeitpolitik.de (abgerufen 23.4.2016).

Dürk, Barbara (2001): Nordrhein-Westfalen - ein Flächenstaat fördert die städtische Zeitgestaltung, in: Mückenberger, Ulrich (Hg.), Bessere Zeiten für die Stadt. Chancen kommunaler Zeitpolitik, Opladen: Leske + Budrich, S. 165 - 69.

Eberling, Matthias/Henckel, Dietrich (1998): Kommunale Zeitpolitik. Veränderungen von Zeitstrukturen - Handlungsoptionen der Kommunen, Berlin: sigma.

Heitkötter, Martina (2006): Sind Zeitkonflikte des Alltags gestaltbar? Prozesse und Gegenstände lokaler Zeitpolitik am Beispiel des ZeitBüro-Ansatzes (= Diss. phil. Hamburg 2003), Frankfurt et al.: Peter Lang.

Henckel, Dietrich/Thomaier, Susanne/Könecke, Benjamin/Zedda, Roberto/Stabilini, Stefano (Hg.) (2013), Space-Time Design of the Public City, Dordrecht/Heidelberg/New York/London: Springer.

Läpple, Dieter/Mückenberger, Ulrich/Oßenbrügge, Jürgen (Hg.) (2010): Zeiten und Räume der Stadt. Theorie und Praxis, Opladen: Budrich.

Mückenberger, Ulrich (Hg.) (1998): Zeiten der Stadt. Reflexionen und Materialien zu einem neuen gesellschaftlichen Gestaltungsfeld, Bremen: Temmen.

Mückenberger, Ulrich (Hg.) (2000): Zeiten der Stadt. Reflexionen und Materialien zu einem neuen gesellschaftlichen Gestaltungsfeld, 2. erweiterte Auflage, Bremen: Temmen.

Mückenberger, Ulrich (Hg.) (2001): Bessere Zeiten für die Stadt. Chancen kommunaler Zeitpolitik, Opladen: Leske + Budrich.

Mückenberger, Ulrich (2004): Metronome des Alltags. Betriebliche Zeitpolitiken, lokale Effekte, soziale Regulierung, Berlin: sigma.

Mückenberger, Ulrich (2012): Lebensqualität durch Zeitpolitik. Wie Zeitkonflikte gelöst werden können, Berlin: sigma.

Mückenberger, Ulrich (2013): Do Urban Time Policies Have a Real Impact on Quality of Life? And Which Methods Are Apt to Evaluate Them? In: Henckel, Dietrich/Thomaier, Susanne/ Könecke, Benjamin/Zedda, Roberto/Stabilini, Stefano (Hg.), Space-Time Design of the Public City,Dordrecht/Heidelberg/New York/London: Springer, S. 289-300.

Neuhäuser, Peter (2001): Der Bürgerservice der Landeshauptstadt Erfurt, in: Mückenberger, Ulrich (Hg.), Bessere Zeiten für die Stadt. Chancen kommunaler Zeitpolitik, Opladen: Leske + Budrich, S. 204-07.

3. Zeitpolitik in Frankreich

Boulin, Jean-Yves (2008): Villes et politiques temporelles, Paris: Documentation francaise.

Boulin, Jean-Yves (2015): Zeiten der Stadt: Eine zentrale Herausforderung für die Gewerkschaften, in: Reiner Hoffmann/Claudia Bogedan (Hg.), Arbeit der Zukunft. Möglichkeiten nutzen - Grenzen setzen, Frankfurt/New York: Campus, S. 436-58.

Boulin, Jean-Yves/Mückenberger, Ulrich (2002): La ville à mille temps, La Tour d'Aigues: Éditions de l'aube.

Hervé, Edmond (2001): Temps des villes. Rapport, Paris.

Royoux, Dominique/Vassallo, Patrick (Hg.), Urgences temporelles. L'action publique face aux temps de vivre, Paris: Édition Syllepse.

Tempo Territorial (Hg.) (2013): Les politiques temporelles au coeur de votre territoire. Des collectivités engagées présentent leurs actions, koor. Mireille Terny/Dominique Royoux, Poitiers.

4. Zeitpolitik in Italien

Bauer-Polo, Ingeborg (2001): Tempi della città, in: Mückenberger, Ulrich (Hg.), Bessere Zeiten für die Stadt. Chancen kommunaler Zeitpolitik, Opladen: Leske + Budrich, S. 45-49.

Bonfiglioli, Sandra/Mareggi, Marco (Hg.) (1997): Il tempo e la città fra natura e storia. Atlante di progetti sui tempi della città, Urbanistica Quaderni, Roma: Istituto Nazionale di Urbanistica.

Bonfiglioli, Sandra/Mareggi, Marco (Hg.) (2004): Nuovi tempi della città per la qualità della vita, Milano: Guerini e associate.

Boulin, Jean-Yves (2015): Zeiten der Stadt: Eine zentrale Herausforderung für die Gewerkschaften, in: Reiner Hoffmann/Claudia Bogedan (Hg.), Arbeit der Zukunft. Möglichkeiten nutzen - Grenzen setzen, Frankfurt/New York: Campus, S. 436-58.

Comune di Bergamo (2012): Il piano territoriale degli orari. Documento direttore, vol 2, o.J., 2012.

Consiglio Regionale della Lombardia 2007: Le politiche dei tempi e degli orari in Lombardia: i primi due anni di attuazione della l.r. 28/2004. Note informative sull'attuazione delle politiche regionali – N. 8, März 2007.

Mareggi, Marco(2000): Le politiche temporali urbane in Italia, Firenze: Alinea.

Mareggi, Marco (2013): Planning Times of the City: an Overview on Urban Time Policies, in: Schrenk, Manfred/Popovich, Vasily/Zeile, Peter/Elisei, Pietro (Hg.), Tagungsband "Planning Times", 20-23 May 2013, Rom: REAL CORP 2013, S. 701-710.

Mareggi, Marco (2016): Temporal Justice in Italian Urban Time Policies. Papier für die Akademie für Raumforschung und Landesplanung, Hannover, 23. Februar 2016.

Mückenberger, Ulrich (1992): Dokumentation "Die Frauen verändern die Zeiten", in: Kritische Justiz, Jg. 25 (1992), S. 98-111.

Mückenberger, Ulrich (2001): Bessere Zeiten braucht die Stadt! In: Mückenberger, Ulrich (Hg.), Bessere Zeiten für die Stadt. Chancen kommunaler Zeitpolitik, Opladen: Leske + Budrich, S. 18-32.

PCI - Sezione Femminile Nazionale (1992): Proposta die legge di iniziativa popolare "Le donne cambiano i tempi" (ciclo di vita, orario di lavoro, tempo nella città) <Gesetzentwurf im Wege des Volksbegehrens "Die Frauen verändern die Zeiten" (Lebenszyklus, Arbeitszeit, Zeiten der Stadt)>, Rom, 4. April 1990, übersetzt und annotiert in Mückenberger, Ulrich (1992), S. 102-111.

Picone, Alda/Bauer-Polo, Ingeborg (2001): Die Stadt Bozen - ein partizipatives Gemeinwesen, in: Mückenberger, Ulrich (Hg.), Bessere Zeiten für die Stadt. Chancen kommunaler Zeitpolitik, Opladen: Leske + Budrich, S. 160-64.

Regione Lombardia (2004): Legge regionale N. 28/28 Oktober 2004 "Politiche regionali per il coordinamento e l'amministrazione dei tempi della città" <Regionalgesetz Nr. 28 2004 "Regionale Politiken zur Koordination und Verwaltung der Zeiten der Stadt"> in: BURL n. 44, 1. suppl. ord. del 29 Ottobre 2004.

Regione Lombardia (2010): Politiche temporali urbane in Lombardia. Le pratiche dei comuni <Städtische Zeitpolitik in der Lombardei. Praxis der Gemeinden>, Milano.

Regione Lombardia (2012): IV bando l.r. 28/2004 (politiche dei tempi e degli orari) - invito a presentare manifestazioni d'interesse <4. Ausschreibung nach Regionalgesetz Nr. 28/2004 (Politik der Zeiten und Öffnungszeiten) - Einladung zur Interessenbekundung> www.regione.lomb ardia.it (download 03.05.2016).

Republik Italien (1990), Legge 8 giugno 1990, n.142: Ordinamento delle autonomie locali <Gesetz Nr. 142/1990: Ordnung der gemeindlichen Selbstverwaltung>, in: Gazzetta Ufficiale 12. 06. 1990.

Republik Italien (2000), Legge 8 marzo 2000, n.53: Disposizioni per il sostegno della maternità e della paternità, per il diritto alla cura e alla formazione e per il coordinamento dei tempi delle città <Gesetz Nr. 53/2000 Bestimmungen zur Unterstützung von Mutterschaft und Vaterschaft, für das Recht auf Pflege und Bildung und für die Koordination der Zeiten der Stadt>, in: Gazzetta Ufficiale 13.03.2000.

Stadt Bozen (2007): Die "Zeiten der Stadt" der Kommune Bozen, 7 Seiten, Selbstverlag.

Zedda, Roberto (2009): Tempi della città. Metodi per l'analisi urbana, Milano: Franco Angeli.

Zeitfracht Medien GmbH
Ferdinand-Jühlke-Straße 7
99095 Erfurt, Deutschland
produktsicherheit@kolibri360.de